恐怖箱

# 絶望怪談《ぜつぼうかいだん》

つくね乱蔵



竹書房文庫

※本書に登場する人物名は、様々な事情を考慮してすべて仮名にしてあります。また、作中に登場する体験者の記憶と体験当時の世相を鑑み、極力当時の様相を再現するよう心がけています。現代においては若干耳慣れない言葉・表記が登場する場合がありますが、これらは差別・侮蔑を意図する考えに基づくものではありません。

装画／芳賀沼さら『恵みの雨』

# 望みを絶つ。

絶望の意味を調べてみる。

希望が全くなくなること、とある。

普通に暮らしている分には、出会う機会が少ない言葉ではなかろうか。

冗談めいた使い方をすることはあるだろうが、希望が皆無という状況に陥ることは稀だ。

では、どういったときに絶望がやってくるのか。

勤務先の倒産。交通事故。天災。

こういった突発的な絶望もあれば、学校での虐めや家庭内暴力など、じわじわ絡みついてくる絶望もある。

どちらかと言うと、そちらの方が閉塞感が強い気もする。

いずれにせよ、これから歩こうとしている道が閉ざされることに変わりはない。

今回の原稿を読み返したとき、まず浮かんできた言葉が絶望であった。

怪異もまた、普通に暮らしている人には縁がない。ないはずだ。

だが、この本に登場する人達は、怪異と絶望のふたつともに出会ってしまった。

因果応報な出会いならば、まだ納得できる。

原因がはっきりしているだけマシだとも言える。

だが、どうやら中には気まぐれな怪異もある。

そういった怪異は平等だ。差別しない。

性別も年齢も社会的地位も無視する。

徳を積んでいようが、悪事の限りを尽くしていようが、一切関係ない。

突然現れ、誰にでもある平凡な日常を一瞬で破壊してしまう。

そこに因果応報はない。少なくとも、人間ごときが分かる理由などない。

精々できるのは逃げることぐらいである。

だが、中には逃げられない事情を持つ者もいる。何から何まで囚われてしまった者もいる。

そんな人達は、あきらめるしかない。

そのような話を聞かせてくださった方々に、私は何一つかける言葉がなかった。

それどころか、聞いてくれただけでもありがたいと頭を下げられ、胸が詰まる思いがした。

その思いを少しでも伝える。それこそが私にできる唯一のことである。
貴方は恐怖を知りたいか。絶望に出会いたいか。
ならばこの本を読んでいただきたい。
このうちの幾つかは、明日、貴方に起こることかもしれない。

著者

# 目次

# 敏腕

石塚さんが、仲間とともに海に行ったときのことだ。

横山が唐突に話題を振ってきた。

「聞いたことあるだろ。今まさに飛び込もうとしている人を撮影したら、海面から出ている無数の手が写っていたって話」

全員が頷《うなず》き、話の先を促した。

「実は俺、見たことがあるんだ」

「写真か？」

「いや違う。手のほう」

横山がそれを見たのは五年前のこと。

仲間とドライブを楽しんでいる途中、海が見える眺めの良い場所で休憩を取った。

ふと下を見ると、美しい砂浜がある。

人の姿はなく、仲間だけでバカ騒ぎするには打って付けの場所に思えた。

それほど急な崖ではない。細いけれど道も付いている。

横山は率先して降りていったという。

肌理《きめ》が細かい砂浜は、裸足で歩くと何とも気持ちが良い。

海も透明度が高く、楽園のようである。

上からは見えなかったが、少し離れた場所に飛び込み台が設《しつら》えてあった。

「よし、飛び込み大会やろうぜ」

横山の提案を全員が面白がり、早速一人が泳いでいった。

「では一番手、行きます！」

威勢は良いが、所詮は素人である。盛大に腹を打ち、喝采を浴びることとなった。

おかげで、いかに面白おかしく飛べるかという方向に舵が切られていく。

一人ずつ飛び込み台に泳いでいき、思いつく限り馬鹿な格好で飛び込む。

高飛び込みならぬ馬鹿飛び込みである。

優勝したのは、吉田という男であった。

吉田は素っ裸になり、大の字で飛び込んだのだ。

あんな馬鹿は滅多にいないということで意見が一致し、全員が調子に乗ってアンコールを叫び出した。

吉田は再び飛び込み台に上がると、砂浜で拍手する仲間達に見得を切った。

飛び込み板の上で後ろを向く。

どうやら今度は背面から飛び込むつもりらしい。

素っ裸の尻を高く突き出す。

皆、大喜びだ。次の瞬間、横山は異様なものを発見した。

海面に手が突き出されている。

「おいあれ、手じゃないか」

仲間達にも見えたらしく、大騒ぎになった。

吉田はその騒ぎを自分への声援と受け取ったようで、高く飛び上がると、またもや大の字になって海面へ落ちていった。

だが、波しぶきは立たない。入水する寸前、一気に数を増した手が、吉田を支えたのだ。まるで胴上げのように吉田を支えた腕の群れは、そのまま沖へ向かおうとしている。

呆然としていた横山は吉田の絶叫で我を取り戻した。たった一人で助けに向かったという。

目の前で仲間が殺されようとしているのに、黙って見ているわけにはいかないと思ったそうだ。

怖いなどと考えている余裕はなかった。

とにかく引き剥がす。

それしか頭に浮かばない。

近づいていくにつれ、状況が見えてきた。

透明度の高い海のおかげである。

先程までの威勢は、あっという間に消え失せた。

吉田を運ぼうとしている腕の群れには、本体がなかったのだ。

肩から先だけの腕だけが、まるでウツボのように、うねうねと身体をくねらせながら泳いでいる。

それが海中に何百本も存在していたという。

そのうちの何十本かが横山に向かってきた。

横山はパニックを起こし、無我夢中で岸辺に戻った。

他の仲間は震えるだけで動こうとしない。

吐きそうになりながら振り返ると、吉田はまるで御輿のように担がれて沖へ向かっているところであった。

長い悲鳴を残し、とうとう吉田は湾の外に消えた。

警察に通報しなければと思いついたのは、それから数分後である。

どう言うか考えた末、仲間が溺れたと告げた。

結局、その日、吉田は見つからなかった。

数日後、吉田は何十キロも離れた海岸で発見された。

幸いと言っては何だが、死んではいなかった。

何をされたか言おうとはしなかったが、右腕が粉砕骨折しており、全身には打撲痕のような痣が付いていたという。


「俺、その事件の後、海に入れなくなってさ。砂浜にいる分には全然大丈夫なんだけどな。おまえらも気を付けたほうがいいよ。海は何がいるか分かんないから」

おまえが見たものは、人間の腕に似た何かの生物なのではないか。

そう問い詰められた横山は、笑って答えた。

「違う。言い忘れたけど、人間みたいな意志を持ってるのは間違いないよ。吉田が沖へ連れてかれるとき、そいつらこうやったんだ」

横山は自分の手を振ってみせた。

「さようならーって」

# 全国調査

これは、怪談を通じて知り合った男性から聞いた話である。

名を小野という。実話怪談の収集を趣味にしている。

大変に熱心で、好事家と呼ぶのに相応しい人物だ。

とはいえ、全国各地を駆け回るほどではない。

あくまでも友人、知人から聞く話に限られる。

皆も心得たもので、怖い話や不思議な話を仕入れると、すぐに教えてくれるという。

その日も小野は、例によって今田という友人と待ち合わせをしていた。

昨日仕入れたばかりの話を聞かせてくれるというのだ。

正直なところ、あまり面白くはなかった。

とある男性を追いかけてくる影の話だ。

その男性は、いつの頃からか自分の背後に気配を感じるようになったという。

振り向くと気配は消えるため、それが何なのか確認はできていない。

鏡を使ったり、携帯で写してみたり、思いつく限りの方法を試したが全て空振りであった。

この話を聞いた人に、その気配が伝染する。

要約するとそれだけだ。よくある類の怪談である。

小野さんのパソコンには【伝染系】と名付けられたフォルダーがあるのだが、これもそこに入ったきりになりそうであった。

それでも小野さんは丁寧にメモを取り、礼を言って別れた。

駅のベンチに座っていると、親しくしている佐藤に出会った。

佐藤は小野さんを見た途端、近づいてきた。

いいのを仕入れたと話し出す。

「あのな、俺の知り合いなんだが、後ろに誰かいるんだと。不意に振り返ったり、ショーウィンドウを横目で見たりしたんだが、誰もいない。でも、四六時中気配は感じるんだと。で、ここからが肝なんだけど、この話を聞いた奴のところに伝染するらしいよ」

小野さんは、思わず佐藤の顔をまじまじと見つめてしまった。

「何？　何か付いてる？」

「いや、別に。ありがとう、いい話だな」

佐藤が立ち去った後、小野さんは先程書いたばかりのメモを取り出した。

読み返すまでもなく、同じ内容だと分かっている。

これは伝染系に分類すべきか、それとも偶然の一致として扱うべきか。

そんなことを考えていたという。

電車を降り、駅前のコンビニで弁当を選んでいる最中、携帯電話が鳴った。

大西からだ。

「もしもし？　小野ちゃん、ちょっといいか。聞かせたい話があるんだ。連れから聞いたんだけど、そいつ、背中に誰か立つんだって。色々やってみたんだけど、どうやっても確認できない。霊が見えるって人に見てもらったんだけど、そのときだけは気配が消えるんだってさ。それと、この話を聞くと、気配が移るらしいよ」

小野さんは丁寧に礼を言って、電話を切った。

三度目の正直という言葉が頭をよぎる。

思わず、コンビニのショーケースに映った自分を確認してしまった。

小野さんは怪談収集を趣味としているが、自分自身では何も見えない。

このとき、ショーケースに映っているのも自分だけであった。

もちろん、背後の気配など微塵も感じない。

その日は結局、同じ話を三度聞かされたわけだ。

小野さんはパソコンを開き、新しいフォルダーを作り、それに【リピート系】と命名した。

翌日、小野さんは弟からの電話で起こされた。

「おはよう。朝っぱらからすまんな、兄ちゃん。相談したいことができて。あのな、気のせいだとは思うんだけど、俺の後ろに誰か立ってるんだよ。兄ちゃん、そういうの得意だろ？　どうしたらいいか知らない？」

小野さんはしばらく返事ができなかったという。

「兄ちゃん？　どうかした？」

「あ、いやすまん。おまえ、それって誰かから似た話聞かなかったか？」

今度は弟が黙り込む番であった。そういえば二週間前、確かに聞いた。

そのとき、この話は伝染すると脅かされたことも思い出したという。

小野さんは、弟に塩と日本酒で身体を清めてみろと教えて電話を切った。

ふと思い立ち、昨日この話をしてくれた三人に連絡を入れた。

三人とも、特に異常はないとのことである。

何か変わったことがあれば連絡してくれと頼んでおいた。


二週間後。

佐藤が電話を掛けてきた。背後に誰か立つという。

続いて大西からも同様の報告が入った。今田は何ともないようだ。

小野さん自身にも何も起こっていない。

万が一、背後に立たれたらどうなるかも判明していない。

いっそのこと、話を聞いた全員に起こる現象なら分かりやすいのだが、このままではどういう条件が必要なのか調べようがない。

もう少しサンプル数が増えれば、何か手掛かりが掴めるのではないだろうか。

「というわけで、貴方に話しました。よろしくお願いします」

小野さんはそう言って、私に頭を下げた。

# 人肌恋しくて

松野さんが三杯目の生ビールを飲み干した直後のことだ。
進藤が妙なことを言い出した。
「少し変わった百物語をやらないか」
真面目な顔つきだが、その声が何やら嬉しそうである。
松野さんは顔も向けずに答えた。
「やだよ、そんな面倒なこと」
春田は唐揚げを食べるのに夢中だ。北條は隣席の女の子が気になるようである。
要するに皆、興味がないのである。
進藤は構わずにスマートフォンを取り出し、テーブルの上に置いた。
古びたランプの画像が表示されている。
進藤が提案する百物語は、このランプを使うというのである。
通常の百物語は、話し終える毎にロウソクを一本消していく。
百本消したときに異変が起きるとされている。

ところが進藤がやろうとしているのは、それとは正反対であった。

話を終えたらランプを灯すというのだ。

「それの何処が怖いんだよ」

春田が呆れるのも無理はない。だが、進藤は待ってましたとばかりに説明を始めた。


このランプは進藤が母方の叔父から貸してもらったらしい。

進藤の叔父は古物商を営んでいる。かれこれ三十年以上も続けているそうだ。

叔父には掲げている信条がある。

「道具は使ってこそ命が宿る」

高いだけの美術品や、使えそうにない骨董品は取り扱わない。

審美眼に秀で、道具を愛する叔父の店は評判が良く、固定客も多かった。

だが、一つ悪い癖がある。

一般的な物だけを扱えば何の問題もないのに、叔父は曰く因縁のあるものを好んで収集するのである。

商品としてではなく、あくまでも己の趣味であるため、店には並べない。

そのおかげで叔父の家には、呪術に使われた人形であるとか、飾っておくと死人が続出する絵などという物騒な物が、所狭しと転がっている。

そのうちの一つが、このランプである。

色合いも地味で見た目も貧相なランプだが、譲り受けた値段がとんでもない。

とんでもないのは値段だけではない。耳を疑う過去を持つランプであった。

驚いたことに、人間の皮膚で作られているのだという。

歴史を遡れば、実例を見ることができる。

例えば戦時中の蛮行の一つとして。或《あ》いは、大量殺人鬼の楽しみとして。

だが、進藤の叔父が持っているランプは、そのような残虐なものではない。


元々の持ち主は、とある地方の名家である。

その家の主は、歳の離れた妻を宝物のように大切にし、愛していた。

人も羨む幸せな夫婦であったが、妻が突然の病に倒れてしまった。

余命半年の宣告を受け、夫は金に糸目を付けず最新医療を片端から試した。

それでもやはり、病気には勝てなかった。

魂が抜けたように妻の亡骸に寄り添っていた夫は、唐突に家を出ていき、得体の知れない男を連れて帰ってきた。

その男は一カ月を掛け、亡骸から丁寧に皮膚を剥ぎ取り、様々な行程を経てランプを作り上げた。

その地区に土葬の習慣があったからこそできたことである。

男が作ったランプは全部で六つ。

両腕、両足、同体、それと頭部。

夫は、その六つのランプを妻の命日に灯そうとした。


進藤の叔父が、そこまで詳細にランプの由来を知っていたのには理由があった。

ランプは、その夫が自らの手で叔父の店に持ち込んだのである。

そんな大切な物を売ってしまってもいいのかと訊くと、夫は怯えた様子で頷いた。

こんなものを作ったのが間違いだったとさえ言ったらしい。

最後に夫は、一つ言い置いて出ていったという。

「火を灯すなら、一つだけにしたほうがいい。六つを同時に灯してはならない」

進藤は説明を終え、どうだとばかりに仲間を見渡した。

全員、黙り込んで進藤を見つめ返している。

ようやく北條が口を開いた。

「百物語って言われても、そんなに知らんぞ」

正論である。だが、進藤は待ってましたとばかりに微笑んだ。

「そう言うと思って、こんなものを用意してきた」

取り出したのは実話怪談の本だ。

「とはいえ、百も読んでられんからな。ある程度読んだら、ひとつだけ点ける。場所は俺の部屋。さあどうする」

すっかりお膳立てを整えた上で進藤は提案していたわけだ。

全員、苦笑いしながら席を立ち、進藤の部屋に向かった。

進藤の部屋はロフト付きのワンルームマンションである。

いつもは乱雑な部屋が綺麗に片付けられ、テーブルの上に桐の箱が五つ置いてあった。

蓋に記された右足、左足などという文字が目に付く。

それを見た北條が言った。

「あれ？　ランプは六つじゃなかったのか。頭がないぞ」

進藤は、いかにも残念そうに答えた。

「叔父さんが言うには、保険だってさ。どうせおまえ、全部点けるつもりだろって」

全員が声を揃えて笑った。

場が和んだところで、いよいよ百物語は始まった。

いっそのこと、面倒なことを抜きにして一気に点けてしまえばいいのだが、進藤は頑なに様式に拘《こだわ》った。

真っ暗では本も読めないため、懐中電灯を上向きに照らしてある。

天井に当たる反射光の中、それぞれが怪談本を読み下していく。

物語が五話読み終えられ、進藤は一つ目のランプを箱から取り出した。

蓋に記された文字は右足である。

だからと言って、取り出されたランプが右足の形をしているわけではない。

華美に作られてもいない。何の飾りもない地味な外見である。

キャンプ場で使われるランプに似ているが、ロウソクを立てるだけの代物だ。

皮膚で作ったとされるランプシェードは、薄い黄土色をしていた。

何かの皮製品だということは明白であったが、ただ、それが人の皮膚かどうかまでは分からない。

全員が顔を寄せ、じっくりと見る。

春田が低く呻いて顔を離した。

「ほくろが残ってる」
確かにそれはほくろであった。
その途端、ランプに使われたであろう女性の存在が生々しく感じられてきたという。
とりあえず点けてみようということになった。
ロウソクに火を点け、ランプシェードを戻す。
部屋が淡いオレンジ色で満たされた。
それほど明るくなるわけではないが、本ぐらいなら十分に読めそうである。
全員が黙り込み、辺りの様子を見る。
特に何も異常は認められない。
淡い光の元で、更に五話が読み終わった。
次に取り出したのは左足である。
外見は全く同じだ。ほくろはなかったが、蝶の形の痣が残っていた。
二つのランプを点け、変わったのは部屋の明るさぐらいである。
進藤が落胆を露わにして本を放り投げた。
何を思ったか、残りのランプを全て取り出し、テーブルに並べ始めた。
勿体ぶるのは止め、一気に全部点けてしまおうというのだ。

胴と記されたランプを見て、全員が嫌悪の声を上げた。

明らかに乳首が残っていたのだ。

「これはさすがに可哀想だろ。旦那は何考えてこんなもん作らせたんだ」

もう止めようぜ、と珍しく語気を荒らげる春田を無視して、進藤は次々に火を点けていった。

最後のロウソクに火を点けた瞬間、部屋の温度が急激に下がり始め、空気がずしりと重くなってきた。

辺りを見回すまでもない。

それは、いきなりテーブルの上に浮かんでいた。

首から上がない全裸の女である。

全身の皮膚が剥がれ、筋肉が剥き出しになっている。

手足を大きく震わせ、空中で踊っているように見えたという。

他の三人が腰を抜かし、悲鳴を上げる中、松野さんは必死になって部屋の照明を点け、ロウソクを吹き消した。

女の姿も吹き消されるように消えた。

皆は我先に部屋を飛び出す。

松野さんが部屋の扉を閉めるとき、進藤は妙に熱っぽい眼差しでランプを見つめていたという。


その後、しばらくして進藤から連絡が入った。

ランプの一件を叔父に話したところ、かなり興味を　持ったらしく、六つ全部を点けてみることになったという。

進藤からの連絡は、そのお披露目会へのお誘いであった。

松野さんは正直に言うと、少し迷ったそうだ。

恐ろしいのはもちろんなのだが、完璧に揃った状態を見てみたい気持ちもある。

幸か不幸か、進藤が誘ってくれた日はどうしても外せない用事があった。

結果的に行かなくて正解だったようだ。


進藤は叔父と二人きりで、六つのランプを一斉に点けたらしい。

今回、女は首も身体も揃った状態で現れた。

最初に現れたときと同じく、でたらめに手足を震わせている。

美しい女ということであったが、それは確認できなかったそうだ。

何故なら、女は顔の皮膚を剥がれていたからである。
それと、ひたすら「痛い痛い」と繰り返していたという。
今もなお、進藤の叔父はランプを手放そうとしない。
時々は火を灯している。
「道具は使ってこそ命が宿る」
その信条は守られているわけだ。

# 異言

黒田さんは都内の警備会社に勤めている。

今年の初め、とあるオフィスビルの守衛を命じられた。

昼間の受付は女性が担当するため、受け持つのは夜間のみである。

夕方六時から翌朝の七時までを一人で担う。

八階建てのビルは殆どが貸し会議室だ。金目の物はない。

加えて、歩いて五分の場所に派出所もあり、一人きりの守衛でも不安はなかった。

仕事自体も出入り口の施錠と夜間巡回が一度きり。あとは開館準備まで休憩していても構わない。

どちらかと言えば、大当たりの物件である。それまで勤務していた大型ショッピングセンターの激務とは雲泥の差だ。

これほど楽な物件に来られたのは、前任者が病に倒れたからである。

黒田さんは口にこそ出さないが、前任者を襲った病魔に感謝したという。

先輩社員に教わりながら僅かばかりの研修期間を終え、初めての一人勤務を迎えた。

正面と裏の出入り口を施錠し、巡回を終え、防犯センサーをセット。

以上でやるべきことは終わりである。あとは守衛室のソファーで休憩するだけだ。テレビやラジオは置かれていないが、読書家の黒田さんにとって不都合はない。

早速、持ち込んだ本にのめりこむ。

小一時間ほど経った頃、いきなり外が騒がしくなった。

守衛室の窓のすぐ横で、何人かが言い争いをしているようだ。

甲高い声と低い声、女性の声もある。

公共の場での出来事であり、ビルの警備には何ら関係はない。

幸いと言っては何だが、窓にはブラインドが下りている。こちらが見える心配はない。

喧しいのが難儀なぐらいだ。

このまま放置しておいても構わないのだが、もしかすると何らかの事件に発展する可能性もある。

黒田さんは聞き耳を立ててみた。ところが何一つ分からない。日本語ではなかったからである。

中国語のような単語や喋り方と思えるが、確信はない。言い争いは突然始まり、突然終わった。

一件落着、ああ良かったと安心し、本に戻ろうとして気が付いた。

足音がしない。立ち去った様子がない。まだそこにいるのではないだろうか。

そう考えた瞬間、再び言い争いが始まった。先程よりも激しい。

たまりかねた黒田さんは、ブラインドの隙間からそっと覗こうとした。

それを察したかのように、口論がぴたりと止んだ。

見える範囲には人っ子一人いないが、僅か数秒で身を隠せるとは思えない。

妙なこともあるもんだと首を傾げながら、黒田さんはソファーに戻った。

次の勤務も同じことが起きた。

毎回、同じ時間、同じ場所である。

三度目を経験し、さすがにたまらなくなった黒田さんは、引き継ぎノートに質問を記入しておいた。

昼間、受付に座る女性に聞いても仕方ないと思ったからだ。

次の勤務日、答えが書いてあった。

『何もするな』

その一言だけである。

だが、それは、同じ現象を経験している証拠ともいえる。

とにかく、何を言っているか分かりさえすれば、少しは進展するかもしれない。

黒田さんは次の勤務時、例の言い争いをボイスレコーダーに録音した。

あとは中国語が分かる人物を探すだけだ。ふと思いつき、大学時代の名簿を繰った。

中国語会話サークルに所属していた友人がいたはずだ。

見つけ出し、連絡を取ってみると、興味があるから会ってくれるという。

翌日、早速待ち合わせのファミリーレストランに行った。

久しぶりの挨拶もそこそこに、録音していた音声を聞かせる。

友人の顔色が見る見るうちに曇っていった。

「これ、借りられるか？　古い中国語だから、ある程度しか分からない。知り合いに専門家がいるから聞いてもらうよ」

友人は黒田さんをまっすぐ見つめ、思い詰めたように言葉を続けた。

「そのビル、もう行かないほうがいいと思う。こいつら、とても忌まわしい言葉を吐いている」

そう言われても、いきなり違う物件に行けるはずがない。

気にはなるが、黒田さんはそのビルに通い続けた。

友人から連絡が入ったのは、ボイスレコーダーを預けてから二週間目のことだ。

電話に出た友人は泣いているようだった。
「すまん。こいつは返す。もう二度と関わりたくない」
それだけ言って電話は切れた。
翌日、ボイスレコーダーが送り返されてきた。
その日の夜も黒田さんはいつも通り出勤した。夜中の声はいつも通り聞こえてきた。
煩わしいが、要するにそれだけのことだ。
こんな楽な物件を諦める理由にはならない。
そう達観し、黒田さんはその後も勤務を続けた。
二カ月過ぎた頃には耳慣れてしまい、時には真似をするぐらいの余裕が生まれてきた。
何十回も繰り返して聞いてるせいか、細かな発音まで似せることができたそうだ。
夏が過ぎ、秋風が吹く頃。
黒田さんは突然の病に倒れ、それほど大切にしていた現場を離れざるを得なくなった。
前任者と全く同じ病である。
そうやって病に倒れてしまう者と、何事もなく続けられる者とでは何が違うのか。
自分がいったい何をやってしまったのか。
ベッドの上でじっくり考えてはいるが、結論には至っていないという。

# 課長は中庭に

村上さんは、一流企業の警備員である。

名前を言えば誰でも知っている企業だ。

その企業は不況の波を上手く乗り切り、業績はうなぎ上りとまではいかないが、新社屋が建設される程度には儲かっていた。


一流企業とはいえ、勤めている人間の人格も一流の者ばかりとは限らない。

警備員は人として見做《みな》さない者も数多くいる。

そんな中、佐山課長は違っていた。相手を階級や見た目で区別しない。

柔らかな微笑みを常に浮かべ、誰に対しても腰の低い対応は、見た目通りの紳士であった。

それは、完成した新社屋の披露式典当日のこと。

突然、佐山課長が警備室にやってきた。

「村上さん、いつもありがとう。実は私、転勤が決まりましてね。最後の御挨拶に伺いました」

深々と頭を下げられ、村上さんは思わず胸が熱くなったという。

「寂しくなりますね。転勤先はどちらへ」

佐山課長の口から出たのは、聞いたこともない土地の名前である。

韓国の地方都市だという。つまりそれは左遷ではないのか。

そんな思いが顔に出たらしく、佐山課長は寂しげに笑って言った。

「取締役に嫌われちゃったからなぁ」

特に何か失敗したわけではない。ただ単に競争に負けただけである。

それは皆が知っている公然の秘密であった。

「やっとあの中庭に出られると思ったのにねぇ。悔しいから、あそこに住み着こうかな。皆を呼んでお茶会とかやってさ」

茶目っ気たっぷりに佐山課長が言った中庭とは、新社屋の売りの一つである。

落ち着いた日本庭園に仕上げてあり、中央部の池には水鳥達もやってきていた。

緑も多く、春には花見もできるはずだ。それは、何とも心落ち着くオアシスであった。

課長は、誰よりもその完成を心待ちにしていたのである。

お元気でと言い残し、佐山課長は警備室を出ていった。

その五分後。

佐山課長は新社屋の屋上から中庭へ向けて身を投げた。
佐山課長は二年前に奥さんを亡くしていた。
子供も早くに亡くしており、天涯孤独の身の上だったらしい。
会社側にしてみれば、それが不幸中の幸いであった。
しかも落ちた場所は、外部から遮断された場所である。
敷地外で自殺していたら、間違いなくニュースになっていたに違いない。
会社が全力を投じた結果、佐山課長の自殺は外部に一切漏れなかった。
屋上に遺書が残されていたらしいが、それすら処分されたという。
間接的な原因となった取締役をはじめとして、誰ひとり葬儀には出席しなかった。
中庭を閉鎖したまま、新社屋は予定通り運用を開始した。

二日後、村上さん宛に佐山課長から小荷物が届いた。
発送日は自殺した当日の朝。今日届くように指定日必着にしてあった。
中身は大量のカップ麺と缶コーヒー、それと一通の手紙である。
手紙には、今まで世話になったことへの感謝が綴られていた。

だが、村上さんが気になったのは追伸として添えられた三行だ。


私は、あの中庭で暮らすことにしました。

一人では寂しいので、何人か呼ぼうと決めています。

警備員の皆さんには、また面倒をお掛けしますが何卒よろしくお願いします。


とりあえず村上さんはカップ麺と缶コーヒーを皆で分けた。

手紙の内容について訊かれたが、適当にごまかした。

自殺した佐山課長が中庭にいて、仲間を増やそうとしているらしい。

そんなことが言えるはずがない。

というか、信じるほうがどうかしている。

結果的に、その判断は誤りであった。

佐山課長は二カ月で三人の仲間を増やした。部署も年齢も性別も様々な三人である。

三人のうち、屋上から飛び降りたのは一人だけだ。それ以降、屋上は厳重に閉鎖されたからである。

あとの二人は中庭で首を吊り、目的を達した。

一時、社内に噂が飛び交ったが、たちどころに緘口令が敷かれた。
そして、相変わらず何事もなかったかのように日常業務は粛々と進んだのである。
村上さんは、夜間の巡回時に一度だけ中庭を覗いたことがある。
中央部に東屋が設えてあるのだが、そこに黒い影が四つ座っていた。
そのうちの一つが村上さんに向かって、深々と頭を下げたという。

今のところ、佐山課長は仲間の募集を中止している。
屋上が閉鎖され、中庭に出ることもできないから仕方ないのかもしれない。
ただ、村上さんには一つだけ心配事がある。
エレベーター点検が近いのだ。機械室は屋上にある。
点検作業は複数の作業員で行うが、開錠と施錠は設備課職員の役目だ。
それは間違いなく一人で行う作業である。
もしかしたら、ここぞとばかりに佐山課長のお誘いがあるかもしれない。
だが何も言えないことに変わりはない。
村上さんは迷った結果、とりあえず様子を見ることに決めたそうだ。

# セクハラ

小嶋さんはビルメンテナンスの会社に勤めている。

年が明けて間もない頃、新しい現場を任された。

電機関連の工場である。

依頼を受けた時点で既に閉鎖が決まっており、人員整理も進んでいた。

今まで契約していた警備員が不要になり、施設管理者だけを常駐させることになったわけだ。

二十四時間を一人だけで受け持たなければならないが、特に難しい業務ではない。

小嶋さんを含め、三人で現場を回していく。

他の二人は篠原と河村、お互いに顔見知りの仲だ。

小嶋さんにしてみれば、至って気楽な現場といえた。

研修を終え、最初の勤務の夜。

小嶋さんは定められたルートに従って、工場内を見回っていった。

様々な機器のメーターを確認していくのも大切な仕事である。

特に、地下水の浄化装置の点検は最重点に挙げられた項目であった。
タンクの隙間を抜け、ポンプ室に向かう。
鉄扉を開けた小嶋さんは、面食らって立ちすくんだ。
先客がいたのだ。工場指定の作業服を着た女性である。
どことなく寂しげな様子に、人のよい小嶋さんは優しく声を掛けた。
「ここは廃液の配管も通ってますから立ち入り禁止ですよ」
女性は返事もせず、マンホールの上に立った。
「あの、そこに乗られると」
再び声を掛けた瞬間、女性はマンホールの蓋をすり抜けて落ちた。
目の前で実際に見た光景が信じられず、小嶋さんはその場にへたり込んだという。
慌ててマンホールを開けようとしたが、当然の如くボルトで留められている。
素手で開けられるはずがなかった。
では今の女性は、どうやって落ちたんだ。
気付けば鳥肌が立っている。
これ以上、この場所にいたくないという思いだけが頭を回っている。
それでも小嶋さんは、きちんとメーターを確認してから逃げたそうだ。

保安室に戻り、荒い息を整えながら、今見たことを反芻《はんすう》してみる。

夢でも見たのだ。そう自分に言い聞かせるには、あまりにも鮮明な出来事であった。

まんじりともせずに夜を明かした小嶋さんは、篠原さんへの引き継ぎ時に、女性のことを打ち明けられなかった。

言えるだけの確信が持てなかったのである。

だが、意外にも女性のことを言い出したのは、篠原さんのほうであった。

翌朝早くに、篠原さんが電話を掛けてきたのだ。

「小嶋さん。あんた、幽霊って信じるか」

「ポンプ室か。君も見たんだな」

細かい点を確認し合い、お互いが同じ体験をしたことが分かった。

「どうする」

「どうすると言われても」

とにかく、今日の勤務者である河村さんを待つしかないと決まった。

先入観を与えないよう、女性のことは黙っておいた。

そして河村さんも深夜に電話を掛けてきた。

声が震えている。河村さんも同じ体験をしたのである。

これで出るのは分かった。正体は不明だ。

出る理由と実害の有無も確認できていない。

ハッキリしているのは、何があろうとも機器の点検は実施しなければならないということだ。

けれど、絶対に出ると分かっている場所へ入っていくのは、かなりの勇気が必要となる。

河村さんは、本社に掛け合って現場を外してもらうとまで言い出した。

怖くてたまらんのだ、と泣き出す始末だ。

現場をまとめる立場の小嶋さん自身も、正直なところ、嫌で仕方ない。

ポンプ室の確認は、絶対に外せない業務である。

適当な数値を記入しても構わないようなものだが、何か異常があったときに大問題になる。

そのリスクのほうが女の霊より厄介なことは確かだ。

そこまで分かっているのだが、やはり扉の前で足がすくんでしまう。

思い切って開ける。

いる。

マンホールを抜けて落ちていく。

最初のときには気付かなかったが、女は小さな声で悲鳴を上げていた。

その声が耳に付いて離れない。

何度見ても慣れるものではなかった。

会社にお祓《はら》いを頼めるわけがない。

工場の勤務者にそれとなく訊いてみたが、皆一様に口を閉ざす。

とうとう河村さんは退職を口にするようになった。

が、すんでのところで問題は解決した。

小嶋さんが、半ばやけくそでやった行為が見事に成功したのである。

お札を貼ったわけでもなく、霊能者を呼んだわけでもない。

小嶋さんがやったのは、男性器の形を模した道祖神をポンプ室に設置しただけだ。

見事にそれが功を奏し、女性は二度と現れなくなった。

幽霊相手にセクハラ行為を働いたも同然だが、小嶋さん自身には何事も起こらなかったという。

その後、数年を経て工場は完全に閉鎖された。

小嶋さん達は無事に職務を遂行し、次なる現場で働いている。

工場はいずれ更地になり、売却される予定らしい。

更地にする時点で、道祖神は廃棄されるだろう。

「あんなもので封印されていた霊は、さぞや怒っていると思う。何をしでかすか分からないよ。僕なら買わないいな」

小嶋さんはそう言ったが、既に二、三社から土地購入の問い合わせがきているそうだ。

# 貨物列車

水野さんは警備員になって間もない頃、線路沿いにあるビルを任されたことがある。
これはそのときの話。
そのビルは、守衛室から道路を挟んだところに線路が通っていた。
道路から一メートルほど上を走っており、守衛室からは見上げる形になる。
歩いて七分程度の場所にターミナル駅があるため、ひっきりなしに電車が通った。
終電の時刻を過ぎても、貨物列車が通っていく。
深夜でもお構いなしだ。
そのため、着任した初日は仮眠など取れなかったという。
眠れぬまま、守衛室の椅子に座り、貨物列車をぼんやり見上げていたそうだ。
何十両も連結されたコンテナを見ていると、妙なものが目に付いた。
最後尾のコンテナの屋根に、女が乗っていたのだ。
慌てて立ち上がり、通り過ぎた列車を見たのだが、確認はできなかった。
見間違いではない。そもそも、何と見間違うというのか。

アメリカでは貨物列車に乗って旅をする放浪者がいたというが、今の女もその類だろうか。

結論が出せないまま、水野さんは夜明けを迎えた。

くたくたの身体を引きずり、駅に向かう。

人身事故の影響で電車が遅れており、帰宅したのはいつもより二時間も後だった。


それから何週間か経ち、勤務にも慣れてきた頃、水野さんは再びあの女を目撃した。

夜十時の巡回に出発しようとした丁度そのとき、通り過ぎた貨物列車に女が乗っていたのだ。

それは最初に見たときと全く同じ女であった。

二回目ともなると、細かい部分まで分かってきた。

黒い服を着ている。髪は長い。何かに掴まるでもなく、普通に座っている。

そこまで分かった。顔はハッキリとは見えていない。

列車の音にかき消されていたが、微かに笑い声が聞こえていた。

その後も水野さんは数回、女を目撃している。

その日は決まって人身事故で電車が遅れるため、見た瞬間うんざりしたそうだ。

結局、女がいったい何なのか分からないまま、時は過ぎた。

とある春の日、例によって水野さんは女を目撃した。

その日はいつもと違っていた。

時間は真夜中ではなく、朝。夜勤を終え、駅に向かう陸橋を渡っているときである。

陸橋は、電車を真正面から見下ろす位置にあった。

今まさに、満員の通勤電車が通り過ぎようとしている。

その先頭車両に女はいた。

水野さんは、初めて女の顔を見た。目も鼻も口も異様に大きく、顔からはみ出しそうだったという。

それともうひとつ。女は座っていたわけではなかった。女には下半身がなく、座っているように見えただけであった。

酷い列車事故が起きたと知ったのは、その一時間後である。

当時、水野さんは自分を責めるあまり、鬱《うつ》状態に陥ったという。

何処かに連絡していたら防げたのでは。

それだけを思い詰めたのだが、では実際何処にどうやってとなると、思考は止まってしまう。

今でも水野さんは事故が起こった日に、そちらの方角に向けて手を合わせている。
相変わらず女は現れている。
今のところ、貨物列車の上ばかりだ。
いつかまた、通勤電車に乗っているかもしれない。
そのときが来たら、水野さんは今度こそ何らかの行動を起こそうと決めている。
だが、自分が乗っている電車の上までは分からない。
念のため、最後尾の車両に乗るようにしているという。

# 乗ってくる女

その日、仕事を終えた藤川さんが帰宅すると、自宅前に娘の紗智子ちゃんがいた。

藤川さん夫婦は共稼ぎであり、どちらとも遅くなる日がある。

そのため、娘は鍵を持っている。外で待っていなくても良いはずだ。

「どうした、何かあったのか」

声を掛けられ、振り返って父親の姿を見た紗智子ちゃんは、突然泣き出した。

いつも朗らかで、滅多に泣かない娘の涙にうろたえながら、藤川さんは理由を訊いた。

もしかしたら、高校で虐められたのかもしれない。

そう思ったが、紗智子ちゃんが泣いたのは、そんなことではなかった。


紗智子ちゃんは学校まで電車で通学している。

その日も部活動を終えて電車に乗った。早速、スマートフォンを取り出し、夢中になっているゲームをやりだす。

電車のドアが閉まる寸前、視界の端を赤い何かが駆け抜けた。

画面を見つめていたため、腰から下しか見えなかったのだが、赤いコートを着た女性だったという。

すらりと伸びた脚は、ロウソクのように真っ白であった。

電車は次の駅に着いた。ドアが閉まりかけた瞬間、またもや赤いコートが駆け込んできた。

（あれ？　今のって、さっきの女の人じゃない？）

思わず顔を上げたが、目の前にはサラリーマン風の男性がいるだけだ。

辺りを見回したが、赤いコートを着ている人は皆無であった。

気のせいにして、紗智子ちゃんはゲームに没頭しようと試みた。

そうこうしているうちに、電車が次の駅に近づいた。今度は前もってホームを観察しようと決めてある。

赤いコートを着ている女性は、一人もいない。電車が停まり、ドアが開いた。

見落としたかもしれないが、少なくとも今、目の前にはいない。

紗智子ちゃんは安心してゲームに戻った。

ドアが閉まりかけた瞬間、三度、赤いコートが駆け込んできた。

紗智子ちゃんは思わず悲鳴を上げかけ、慌てて口をつぐんだ。

おかしい。絶対ありえない。

今度は顔を上げたままでいようか。

でも、それだとまともに見てしまう。

できそうにないと考えた紗智子ちゃんは、とりあえず立ち位置を変えた。

ドアの側ではなく、座席の真ん中に移動する。ここならば、たとえ駆け込んできても視界には入らない。

結果的にこれが功を奏した。その後、自分が降りる駅まで何事もなかった。

自宅は駅からバスで十五分だ。

バスは混雑していたが、幸いにも一番前が空いていた。今度は安心してゲームに熱中できる。

一つ目のバス停が近づいてきた。何気なく視線を投げかけた紗智子ちゃんは、我が目を疑った。

バス待ちの人に交じり、赤いコートの女性が立っている。まるで首が折れているかのように俯いているため、顔は分からない。

バスは客を乗せて出発した。

混雑している車内では確認のしようがなかった。

バスは次の停留所に停まろうとしている。

また、いる。赤いコートだ。紗智子ちゃんは、たまらずバスを降り、その場から走って逃げた。

ここから家まで徒歩で三十分以上掛かるが、そのほうが良いと判断したのである。

だが、そこまでしても赤いコートは現れた。道すがらにある全てのコンビニや商店の中にいる。

それだけではない。一般の家の中にもいた。二階の窓から見下ろしているのが見えたのだ。

ようやく自宅に到着したのだが、ここにもいるのではないかと思うと玄関の扉が開けられない。

どうしたらいいか分からなくなり、ただ呆然と見つめていたのだという。

話し終えた紗智子ちゃんは、声を上げて泣き出した。

どう反応していいか分からなくなった藤川さんは、とりあえず玄関に向かった。

扉は中心部に曇りガラスがはめ込んである。

その向こうに赤い何かが立っているのが見えた。

# 甘納豆

高杉さんはその朝、いつものように家を出た。

駅に向かう道を歩きながらイヤホンを取り出し、耳に詰めこむ。

お気に入りの曲を聴くことで、やる気も元気もあるのだと自分に思い込ませる。

そうでもしないと、足が前に進まない。

また今日も上司に責められ、同僚に馬鹿にされ、真夜中近くまで働かねばならない。

辛い。しんどい。

その二つの言葉を飲み込む毎日が続いていたという。

その朝から、新たな言葉が一つ加わっていた。

死にたい。

いやいや、何を考えているんだ俺は。死んでたまるか。死んでも会社は何とも思わない。

あいつらは舌打ちすらしないだろう。そんな奴らのせいで死ぬなんて悔しすぎる。

でも死んだら会社に行かなくて済むんだよな。

高杉さんはそれ以上歩けなくなった。

泣きそうな顔で辺りを見回すと、誰もいない公園が見えた。

とりあえずあの公園で休もう。少し疲れてるだけなんだ。休めば何とかなる。

覚束《おぼつか》ない足取りで公園に入った。

大きな木の下にあるベンチに腰を下ろし、溜め息を一つ吐いた途端、立てなくなっている自分に気付いたという。

会社に連絡しなければ。体調不良ということにして。いや、叔母が倒れたというのはどうだ。

迷っている間に、連絡する最良のタイミングを逃してしまった。

時間が経てば経つほど、どうしようもなくなっていく。

今、自分がここに座っていることが信じられないが、こうなることが分かっていた気もする。

いよいよ行き詰まったとき、隣に誰かが座った。

見ると、黒いスーツの男だ。年齢が分からない。若くも年寄りにも見えたという。

他にも空いているベンチは沢山あるのに、わざわざ隣に座る行為が薄気味悪い。

腰を浮かしかけた高杉さんに向かい、その男は優しげに微笑んで口を開いた。

微笑みと同じく優しげな声だ。

「大丈夫ですか。酷く辛そうですが」

答えようがない。辛いのは確かだが、見知らぬ相手に言うことでもない。

高杉さんの沈黙を答えと取ったのか、男は言葉を続けた。

「まさか、死にたいとか思ってませんか」

高杉さんは慌てて首を横に振った。

死という言葉を突き付けられて、自分が本気で死のうとしていることに初めて気付いたのである。

男は高杉さんの様子をじっと見つめながら、ゆっくりと言った。

「楽になりますよ。死ぬと。そんなに痛くも怖くもない、一瞬で死ぬ方法もあるし」

驚く高杉さんを見つめ返し、男は更に甘美な言葉で包み込んでくる。

聞いているうちに、高杉さんは気持ちが楽になってきたそうだ。

そうか。死んでもいいんだよな。会社の連中がどう思おうと知ったこっちゃない。

行かなくて済むんだ、死んだら。

行かなくて済む。

行かなくてもいいんだ。

「死のうかな」
そう口に出した瞬間、高杉さんは背中を思い切り叩かれた。
息が止まるぐらい強くである。
振り向くとそこには老婆がいた。小さな身体のわりに、物凄い圧力がある。
皺《しわ》だらけの顔をずいっと高杉さんに近づけ、老婆は低い声で言った。
「しっかりせんか。あんた、そいつにとり殺されるぞ」
思わず隣を見ると、男は微笑みながら一瞬にして消えた。
唖然とする高杉さんの肩に手を掛け、老婆は何やら呟《つぶや》き出した。
お経のように聞こえる。節目毎に肩を強く叩かれる。
その度、頭に掛かっていた靄が晴れていく。
お経が全て終わるとき、高杉さんは心が澄み切っていることに気付いた。
地面に膝をつき、老婆の手を握りしめながら、声を上げて泣いたという。

老婆が言うには、この公園に入るまでに取り憑かれていたらしい。
恐らくは、何日も掛けて心に入り込んでいたのだろうと。
高杉さんは男の正体を訊ねた。

「ああいうのはそこら中にいる。取り憑きやすい相手を探してうろついてる。あれは結構、強いほう。もう少しで死神になるのかもしれない。あたし一人じゃどうにもならんかっただろうね」

「一人じゃどうにもって、他に誰かいるんですか」

辺りを見回す高杉さんに向かい、老婆は優しく言った。

「あんた、早くにお父さんを亡くしてるだろ。あんたの後ろで心配そうに見てるよ。白いシャツ着て、頭にタオルを巻いてるね。工事現場の人かな」

その通りである。高杉さんの父親は、工事現場の事故で死んでいた。

高杉さんは写真でしか見たことがない。その写真の父親は、老婆が言った通りの姿であった。

流し切ったはずの涙が、また溢れてきた。

「お父さん、がんばるなって言ってたよ。がんばらんでもいい。とりあえず生きててくれりゃいいってさ。あたしは今ぐらいの時間、この公園にいるから。また変になったらおいで」

高杉さんは老婆と別れたその足で、会社に向かった。

上司の顔をまっすぐ見つめ、辞表を出してきたという。

それからすぐに職が見つかった。前職よりも安い月給だが、何とも居心地の良い職場である。

高杉さんは忙しい中にも充実した日々を送っていた。

新しい生活に落ち着いた頃、あの公園に向かった。

老婆にお礼を言いたいと思ったのである。

手には土産を下げている。高級な甘納豆の詰め合わせにした。

老婆はベンチに座っていたのだが、高杉さんは公園の入り口で足を止めた。

ベンチに座っているのは老婆だけではなかった。

あの黒ずくめの男が隣に座っている。男は例の微笑みを浮かべ、老婆に話しかけている。

老婆もそれに笑顔を返している。

助けなければ。近づこうとしたが、足がすくむ。

己の恐怖心と闘う高杉さんの横をすり抜け、一人のサラリーマンが公園に入っていった。

サラリーマンはブランコに腰を下ろし、じっと前を見つめている。

黒ずくめの男と老婆は、仲良くふわりと浮かび上がり、するするとサラリーマンに近づいていった。

高杉さんは後ろも見ずに必死で逃げたという。
サラリーマンのことが気になるが、あんな強力なペアに勝てるわけがない。
老婆に何があったか分からないが、今更どうしようもないことである。
手土産にするつもりだった甘納豆は、大変美味しかったそうだ。

# 墓参り

十二歳の頃、川瀬さんのお気に入りの場所は墓地であった。

不思議なものが見えたからだという。

誰かがお参りに来ると、墓石から人が煙のように湧いてくるのである。

それは、その墓に眠る死者だと分かっていたそうだ。

初めて見たのは、祖母に連れられてきた墓参りのときであった。

見たままを伝えると、祖母は怖がりもせずに優しく言った。

「ちゃんと供養されてるから、怖いことなんかないよ。誰だっていつか、そっち側に行くんだから」

そのときの祖母の言葉のおかげで、川瀬さんにとって墓地は心安らぐ場所になったのである。

墓地全体を見下ろせる場所にあるベンチが、川瀬さんの定位置だ。

そこならば、誰にも邪魔されずにいつまでも見ていることができた。

殆どの死者は笑顔で出迎えているのだが、中にはお参りに来た人を睨みつけていることもあった。

何度も見るうち、川瀬さんは死者達の顔を覚えるまでに至った。

特にお彼岸やお盆の日などは、朝からずっと居続けたそうだ。被害が及ばない場所から、安全な霊を見るのが面白くてたまらなかったという。

そんな川瀬さんだが、ある年を最後に墓地で遊ばなくなった。

墓地の外れにある古い墓のせいである。

長い間放置されているらしく、雑草と苔《こけ》に覆われていた。

当然、その墓に眠る人だけは見たことがなかった。

もしかしたら、誰もいないのかもしれない。

そう思っていたが、違った。

その墓の隣に立派な墓がある。

そこには品の良い老夫婦が仲良く並んで浮かんでいた。

その年、お参りに来た中に小さな女の子がいた。

老夫婦は目を細めてそれを眺めている。

女の子は、ふと隣の古い墓を見て、何を思ったのかそちらも拝んだ。

その途端、古い墓から、でっぷりと肥え太った男が湧き上がってきた。
男は無表情のまま、女の子を見下ろしている。
老夫婦が近づこうとしたのだが、男に睨まれた瞬間、飛び散るように消えてしまった。
男は、ふわりと墓石から離れると、覆い被さるようにして女の子を包み込んだ。
川瀬さんが見ていたのはそこまでである。
怖くてたまらず、逃げ出してしまったのだ。
背後で、その女の子らしき笑い声が響き渡っていた。

その後、川瀬さんは一度だけその女の子を見かけた。
でっぷり肥えた男の姿は見当たらなかった。
何が嬉しいのか、女の子はニタニタと笑っている。
隣に立つ母親は、嫌悪の表情を浮かべて女の子を睨みつけていたという。

# 最期を看取る

向井さん一家は大の猫好きである。

向井さんが物心付いたときから、いつも家には猫がいた。多いときには四匹もいたのだが、昨年の夏に三毛猫を病気で亡くしてから、しばらく猫がいない時期が続いたという。

向井さんが捨て猫に出会ったのは、まさにその頃である。

その日、向井さんは帰宅途中だった。公園から猫の声が聞こえた気がして立ち止まり、耳を澄ました。

聴き間違いではない。か細い声で確かに鳴いている。

向井さんは声だけを頼りに、猫を探し始めた。それほど時間を掛けず、ベンチの下に置かれた段ボール箱を見つけた。

そっと中を覗き込むと、仔猫が二匹いた。鳴いているのは黒猫のほうだ。

茶色いほうが死んでいるのは、ひと目見て明らかであった。

向井さんは何度も捨て猫を育てたことがある。ためらわず、段ボール箱ごと抱え上げた。

茶色のほうは茶毘《だび》に付してあげるつもりである。

「よしよし、もう大丈夫だからね」

声を掛けながら立ち上がった瞬間、耳元で「ありがとう」と囁《ささや》かれた。

「えっ？」

顔を上げ、辺りを見回す。公園の隅に立つ桜の下に少女がいた。見たところ、六、七歳ぐらいだ。

何処かの小学校の制服を着ている。

少女は小さく頭を下げ、桜の木の後ろに隠れた。

「ねぇ、この子達捨てたのあなた？」

向井さんは、少女を怖がらせないように気を付けながら近づいた。

「大丈夫、お姉さんが大切に飼うから」

優しく話しかけながら回り込んだ向井さんは、口を開けて立ちすくんだ。

先程の少女が見当たらない。すぐ側は金網の塀になっている。

それも、少女が乗り越えられるような高さではない。たとえ乗り越えたにしろ、すぐ下は幅の広い川だ。

消えたとしか思えなかった。

仔猫が鳴いてくれたことで、ようやく動けたという。

とにかく今は、一刻も早くこの子を助けなければ。気持ちを切り替えて家に急ぐ。

「お母さん、猫拾った」

子供の頃から何度も言った台詞だ。母親は笑顔を浮かべて玄関まで小走りにやってきた。

「どれどれ……あらまぁ、綺麗な顔。可哀想に、もう一匹は駄目だったのね」

今にも泣き出しそうな声で箱を受け取った母は、ふと顔を上げて向井さんの背後を見た。

「あら、あなた何処の子?」

母の言葉に振り返ると、門柱の側に先程の少女が立っていた。

少女はまたしても頭を下げ、門柱に隠れた。今度こそはと駆け寄ったのだが、先程と同様に姿は消えていた。

とりあえず今は猫に集中しよう。あの少女のことを調べるのは後回しだ。

黒猫は空腹を満たし、すやすやと眠り始めた。

「よかった。何とか助かりそうね」

もうしばらく見ていたかったが、亡くなったほうの猫を火葬場に持っていかねばならない。

立ち上がろうとして向井さんは気付いた。

すぐ背後に誰かいる。とうとう部屋まで上がり込んできたのだろうか。

ならば、とばかりに向井さんは前を向いたままで言った。

「あの黒猫は私達が大切に育てるから。もう、心配しなくていいよ」

一瞬、間を置いて気配が消えた。

何とか理解してくれた。良かった。

向井さんは胸を撫で下ろしたという。

が、それは間違いであった。少女はその後も頻繁に現れ始めたのである。

父も母も少女を哀れみ、何とかして成仏させようと苦心したのだが、どれも効果がない。

そもそも何処の子なのか分からない。着ている小学校の制服が唯一の手掛かりなのだが、この近辺の学校ではなかった。

昼夜を問わず、場所を選ばず、ふと気が付くとそこにいる。

何をするでもなく、ただ猫を見ている。

気にせずにいようと思うのだが、どうしても目に入る。

日常生活に入り込んでくる姿は、怖いというよりも疎《うと》ましい。

向井さん一家は、常に苛つくようになってきた。

そして向井さんは結論を出した。

この猫を捨ててしまおう。そうすれば、この子も一緒に出ていくに違いない。

決行したのは、その夜である。

せめてもの償いにと暖かい毛布に包み、餌も大量に入れておいた。

これで終わる。安堵と後悔が複雑に絡み合ったが、安堵が上回った。

帰宅し、父と母に猫を捨てたことを告げた。

二人とも、仕方がないなと曖昧に頷く。

それから数分後。

向井さんの前に少女が現れた。凄まじい顔で睨みつけてくる。

たったそれだけで、鉛を入れられたように腹の底がずしんと重くなったという。

向井さんは慌てて、捨てた黒猫を再び拾いに走った。

だが、哀れにも黒猫はカラスに襲われ、ボロ切れのようになって死んでいた。


向井さんは、あれほど好きだった猫を飼わなくなった。それでも少女は現れている。

最初見たときは六歳ぐらいだったが、今ではかなり成長しているという。

相変わらず睨みつけてくるのだが、要するにそれだけである。

特に不幸な出来事が起こるわけではない。

父が大量に吐血して入院中だが、それは全く関係ない出来事だと向井さんは強い口調で言った。

# 上、上！

村松さんが娘の佐緒里ちゃんを乗せ、サイクリングに出かけたときのことである。

五歳になったばかりの佐緒里ちゃんは、事ある毎に自転車に乗りたがった。

新しく買い求めた自転車は、後部の子供用座席に丈夫な背もたれが付いていた。

それを佐緒里ちゃんは気に入ったのである。

目的地は決めない。ひたすら進むだけのサイクリングは、二時間を超えることもあったという。

母子家庭の村松さんにとって、娘と触れ合えるかけがえのない時間であった。

その日は、いつもと違う道を進んでいた。

毎度同じ道では、佐緒里ちゃんより先に村松さん自身が飽きてしまうからだ。

川沿いの土手をゆっくりと進んでいく。佐緒里ちゃんは初めて見る風景に御機嫌である。

平日の午前中のせいか、通る人は稀であった。

三十分ほど進んだ頃、急に空模様が怪しくなってきた。

出かける前の天気予報では、十パーセントの降水確率であった。

それを信じて遠出してきたのである。

そうこうしているうちに雨粒が落ち始め、本格的に降り出すまで僅かな時間しか要さなかった。

自分一人だけなら雨を突っ切って帰宅するのだが、子連れではそうもいかない。雨に濡れて路面は滑りやすくなっている。万が一、転倒したら大変だ。

何処かで雨宿りができないかと見回す。前方に格好の場所を見つけた。大きな橋である。あの下なら濡れずに済む。

村松さんは土手の上に自転車を残し、佐緒里ちゃんを抱いて橋の下に向かった。

片隅に手作りの小屋がある。殆ど壊れており、今は空き家のようだ。

近くに転がっている割れ茶碗が、侘しさを醸し出していた。

少し離れた場所に腰を下ろし、ほっと一息吐く。佐緒里ちゃんは突然の雨も楽しかったらしく、凄いねと喜んでいる。

雨脚は鈍ってきており、既に雲の切れ目から青空が覗いていた。

立ち上がろうとしたその瞬間、村松さんは誰かがいることに気付いた。

濃厚な気配を感じたという。絶対に誰かいるとしか思えないのだが、周りを見渡してもそれらしき人影はない。

　気のせいかしら。

　その呟きに重ねるように佐緒里ちゃんが叫んだ。

「上、おかあさん、上になにかいる」

　慌てて見上げたが、何も見えない。

「何？　何がいるの佐緒里」

　佐緒里ちゃんは、じっと一点を見据えたまま答えた。

「しらないひとがいる。あ。こっちくる」

　それでも村松さんには見えない。見えないが、先程から感じている濃厚な気配が強くなっていくのは分かった。

　それはまるで風圧のようであった。何故だか、片隅の小屋に視線が吸い寄せられる。

　直観的に、この小屋が関係している気がしたという。

　泣き出した佐緒里ちゃんを抱き上げ、村松さんは橋の下から飛び出した。

　何だか分からないが、とにかく良くないものがいる。

　一刻も早く、この場所から立ち去るべきなのは確かだ。

　土手を駆け上がり、自転車に佐緒里ちゃんを乗せて全力で走り出した。

気配が薄まっていく。村松さんは上手く逃げ出せたことに感謝した。

あのまま、あそこにいたら何が起こったか想像もしたくない。

長い溜め息を吐き、速度を緩めた瞬間、佐緒里ちゃんが叫んだ。

「上っ！　おかあさん、さっきのひと、上にいる」

「何言ってるの、上って空でしょ」

「でもいるの。ついてきてる」

村松さんは進行方向に気を付けながら、上を見た。

何もない。ところどころ青空が覗く雲があるだけだ。

「おかあさん、上っ！」

もう一度、佐緒里ちゃんが叫んだと同時に、例の気配が後頭部にぶつかってきた。

私には見えず、娘だけに見えるものが上にいる。

そう確信した村松さんは、これ以上ないぐらいの速度で自転車を走らせた。その甲斐があったのか、気配は再び遠のいていく。

佐緒里ちゃんもおとなしくなっている。


いったい、何だったのだろう。

自宅が見えてきた。どうやら佐緒里ちゃんは眠ってしまったようだ。

起こさないように、そっと抱き上げて玄関の扉を開けた。

いつもは玄関まで迎えにくる猫達が廊下の奥に座ったまま、出てこようとしない。

三匹飼っているのだが、三匹ともが鳴き声すら上げず、一箇所を見つめている。

その視線は、村松さんの頭上に焦点を合わせていた。

村松さんが動くにつれ、三匹の視線が動く。きっちり、同じ場所を見つめている。

とりあえず村松さんは台所に向かった。片手で佐緒里ちゃんを抱きしめたまま、塩を取り出して辺りに振りまいた。

それでも三匹の視線は変わらない。

そうこうしているうち、三匹ともが逃げ出してしまった。

台所に娘と二人取り残された村松さんは、途方に暮れて立ちすくんだ。

いったい自分が何をしたというのか。単に橋の下で雨宿りしただけじゃないか。

考えれば考えるほど腹が立ってきた。娘を抱きしめたまま、村松さんは見えない何かに向けて怒鳴った。

「ここはあたしん家《ち》だ、出てけっ！」

返事はない。

その声で目覚めた佐緒里ちゃんが、何も言わずに村松さんの胸に顔を押し付けてきた。小さく震えている。その身体を抱きしめながら、村松さんは小さな声で訊いた。

「佐緒里、怖いんならおばあちゃんの家に行く？」

佐緒里ちゃんはしばらくしてから、僅かに首を横に振って答えた。

「もうだいじょうぶだよ」

とりあえずは、その言葉を信じるしかなかったという。

今に至るも状況に変化はない。

相変わらず、濃い気配を感じるときがある。猫は三匹とも、突然出ていったきり戻らない。

微かな望みと花束を携え、あの小屋を再訪したこともあるそうだ。

が、そもそも本当にそこの住人だったかどうかすら分からない状態では、何一つ効果はなかったという。

ただ、佐緒里ちゃんは「だいじょうぶ。もういない」と言い張っているらしい。

自分にも佐緒里ちゃんにも、今のところ実害がないのだけが救いだと言って、村松さんは深い溜め息を吐いた。

取材を終えて帰ろうとしたときのことだ。

母親が席を外した途端、思い詰めたような顔で佐緒里ちゃんが私に聞いた。

「おじさん、おばけやっつけられる？」

# さよおなら

畑山さんは三人の子持ちである。

奥さんの一美さんは絵に描いたような良妻賢母で、畑山さんは日々の幸せを噛みしめて暮らしていた。

長男の和樹君が五歳の誕生日を迎えた夜、一美さんは腕によりを掛けて御馳走を並べた。

笑い声に満ちた時間は瞬く間に過ぎ、子供達はそれぞれベッドに向かう。

一番下の映美ちゃんは一美さんの腕の中だ。

最近、言葉が達者になってきた和樹君が、ぺこりと頭を下げて言った。

「おとうさん、おかあさん、さよおなら」

思わず吹き出しながら一美さんが訂正する。

「和樹、寝るときは〈お休みなさい〉よ」

和樹君はもう一度、さよおならと言い残して自室に入っていった。

そしてそのまま、二度と目覚めることはなかった。死因は不明である。

一美さんは半狂乱になり、一時入院したほどであった。

それでも何とか家族が前に進み、少しずつ笑顔が取り戻せたのは、偏《ひとえ》に畑山さんの努力の成果である。

だが、その努力は二年後、粉々に砕かれてしまった。

次男の亮君が五歳になる日のことだ。テーブルには一美さん特製の料理が並ぶ。

本当なら、もう一人分あるのになと言いそうになった自分を叱りつけ、畑山さんはおどけてみせた。笑い声に包まれながら夕食は終わり、子供達がベッドに向かう時間になった。

亮君が深々と頭を下げて言った。

「おとうさん、おかあさん、さよおなら」

先に悲鳴を上げたのは一美さんだ。

「亮、お休みなさいでしょ、お休みなさいって言いなさいよ！」

一美さんを落ち着かせようと抱きしめる畑山さんをぼんやりと見ながら、亮君は部屋を出ていった。その夜、夫婦は交代で亮君の枕元に座った。

何か異変があれば、すぐに病院へ連れていく準備もしてある。

その甲斐があったのか、夜が明けても亮君には何の異常も見られない。

ほっと一安心し、畑山さんはトイレに立った。部屋に戻るまで僅か二分。亮君の姿に変化はない。だが、息をしていなかったという。

懸命に人工呼吸と心臓マッサージを繰り返したが、亮君は蘇生しなかった。

こうして五人家族だった畑山家は三人になってしまった。

二年後には、映美ちゃんが五歳になる。

畑山夫妻は必死に話し合った。お互いに過去現在を通じて、呪われるような覚えは一切ない。

妙な場所に行ったこともない。親戚縁者にもおかしなところは皆無である。

それでも、子供達の死が単なる偶然とは思えない。

話し合った結果、いつもと違う時間を過ごそうと決まった。

ぐずる映美ちゃんに謝り、パーティーそのものを中止する。

昼寝をさせておき、寝る時間をずらす。

とにかく、いつもと違う夜にするのだ。

最終手段として親子三人で車に乗り、救急病院の駐車場で夜を明かしたという。

朝の光の中、映美ちゃんはすやすやと眠っている。畑山さんは映美ちゃんの小さな身体に耳を当てた。規則正しい心臓の音が聞こえる。

畑山さんは一美さんと手を取り合って喜んだ。

あとは家に帰って、延期していたパーティーをやるだけだ。

病院のトイレを借りてくると言って、一美さんは車を降りた。
一美さんが病院に入った瞬間、映美ちゃんがむくりと起き上がった。
病院のほうを見ながら、映美ちゃんは小さな声で言った。
「おかあさん、さよおなら」
畑山さんは震える腕で映美ちゃんを抱き上げた。
今のところ、おかしな様子はない。
だが、一刻も早く医者に診せなければ。
息を切らせて時間外受付に到着した畑山さんは、信じられないものを見た。
一美さんが倒れている。当直の医師が看護師に指示を飛ばしながら蘇生を試みている。
身動き一つしない一美さんの鼻と口から大量の血液が溢れ出していた。
呆然と立ちすくむ畑山さんの腕の中で、映美ちゃんがもう一度呟いた。
「おかあさん、さよおなら」

# 飛び出す絵本

斉藤さんは最近、あることで悩んでいる。

信じたくはないが心霊現象だという。

と言っても金縛りに遭うとか、幽霊の類が出てくるわけではない。

聞く人によっては、何だそんな程度かと馬鹿にするかもしれない。


斉藤さんの家には、大きな本棚がある。

夫婦揃って本好きであり、家を建てるとき、特別に設えたという。

斉藤さんの本は一番上の棚。奥さんの純子さんの本はその下、中央部は長女の安祐美さんの本だ。

一番下の棚は、四歳になったばかりの誠哉君専用となっていた。

誠哉君は絵本が大好きで、少しでも時間があると本棚の前に座り込んで読みふけっていた。

指で一つずつ文字を追いながら、小さな声で読んでいく。

読める字が増えてきたのが嬉しくてたまらないようであった。

だが、その姿は今年の夏に見られなくなった。

突然死である。

単なる夏風邪とばかり思い込んでいたという。

誠哉君が読んでいた絵本を見ると、どうしてもあの姿を思い出してしまう。

一時は全部処分してしまおうとさえ考えたが、なかなか踏ん切りが付かず、ずるずると日延べしていた。

亡くなってから一年と七日目のこと。

帰宅した斉藤さんを出迎えた純子さんが、何やら言いたそうにしている。

いつもとは違う態度に、斉藤さんは笑って先を促した。何か欲しいものがあるのかと思ったそうだ。

「違うの。あのね、絵本が引っ張り出されてるの」

どういうことか尚も訊く。

「見たら分かる」と先に立った純子さんは、本棚の前で振り向いた。

黙ったまま指を差す。そこには絵本が転がっていた。

「これがどうかしたのか」

「私も安祐美も絵本には触ってない。いつの間にか飛び出していたのよ」

確かに不思議だが、解けない謎でもない。

掃除をしているときに引っかけてしまったとかではないか。

「一度だけなら、そういうこともあるかもしれない。でも、これで三度目なの」

三度目となると、さすがに自分を騙しきれなくなり、とうとう打ち明けたらしい。

「安祐美が言うには、誠哉が来てるんじゃないかなって。あたしもそう思う」

それは斉藤さんも同意見であった。

もしもそうならば、特に問題はない。

むしろ、取り出しやすいように整理しておこうと話がまとまった。

そんな家族の思いやりが分かったのか、翌日から頻繁に絵本は飛び出すようになった。

誠哉君が好んで読んでいた絵本ばかりだ。

やはり間違いない。

できることならば、見ている前で飛び出してくれたら良いのだが、何故かそれはなかったという。

いつの間にか抜き出され、床に転がっている。その状態が二週間ほど続き、全員が慣れてしまった頃、様子が変わった。

時折、絵本が破かれるようになったのだ。
容易《たやす》く破れるような紙ではない。
下手したら大人でも手こずるような分厚い紙が、二つに破かれている。
しかも、日が経つにつれて破り方が激しくなってきた。
とうとう、シュレッダーに掛けたように粉砕され始めたという。
ほのぼのとした思いは、とっくに失せている。
こんなことをする理由が分からない。
得体の知れない不安と恐怖に怯える妻と娘を目のあたりにして、斉藤さんは決心した。
誠哉をお祓いしてもらおう。
初めからこうするべきだった。
安らかに成仏しなければ、生まれ変わることもできないではないか。
斉藤さんは、そう自分に言い聞かせ、誠哉君の墓がある寺に相談に出向いた。
話を聞いた住職は、早速用意を始めた。
檀家を訪問するときに使用するものとは、質が違うという数珠を持ち出してきた。
続いて戸棚を開ける。特殊な経文を綴った本があるという。
その途端、住職は小さく呻いて後ずさった。

何事かと覗き込んだ斉藤さんも、住職に続いて呻く。

経文が、細かく千切られていたのである。

すっかり怖じ気づいた住職は、どのように頼んでも腰を上げようとはしない。

諦めて、片っ端から寺を訪ねてみた。

だが、どの寺でも同じである。

経文が千切られてしまう。表紙は堅い紙なのだが、それすら細かくされている。

引き受けてくれる寺は、結局見つからなかった。

皆一様に、酷く怯えてしまうのだ。

どうしようもなくなった斉藤さんは古書店に立ち寄り、絵本を買い込んだ。

そのぐらいしか対処策が浮かばなかったのだという。

一日一冊、今でもきっちりと破られている。週末に大量の絵本をまとめ買いするのが日常となってしまった。

痛い出費だが、背に腹は代えられないそうだ。

# 闇の塊

遙か昔、田沼さんが小学六年生の頃である。その日、田沼さんは級友の小沢君の家に向かっていた。

田沼さんは算数が得意である。小沢君は国語の成績が抜群に良かった。

お互いに教え合おうと約束したのだ。

小沢君の両親は二人とも働いており、六時頃まで帰ってこない。

弟や妹がうるさくまとわりつく田沼さんの家に比べ、勉強に集中できる環境であった。

とはいうものの、真剣に勉強していたのは最初のうちだけだ。

いつの間にか話題は、当時流行っていたアニメ番組に移っていた。

「ぼく、冷蔵庫からジュース取ってくるよ。ちょっと待ってて」

会話を中断し、小沢君が部屋を出ていった。

しばらく待ったが、なかなか戻ってこない。

様子を見に行こうと立ち上がった瞬間、階下で何かが倒れる音がした。

慌てて階段を駆け下り、音がしたほうへ向かう。どうやら台所らしい。

「どうしたの？」

声を掛けながら覗き込んだ田沼さんは、それ以上進めずに立ちすくんだ。

理解できない何かが起こっている。それぐらいしか頭に浮かんでこない。

台所の半分が真っ暗なのだ。

廊下に面した側は問題ない。中央部に置かれたテーブルから向こう側が、塗り潰したように暗い。ただ暗いだけではなく、触れそうな質量を持つ闇である。

いわば、闇の塊であった。

「小沢君！　ねえ、そこにいるの？　これ何なの？」

小沢君は何かに抗っているらしく、返事をする余裕がないようだ。

田沼さんは、もう一度呼んでみた。

やはり返事はなかったが、代わりに闇の塊から手が突き出された。

小さくて細く、小沢君の手だと思われた。

田沼さんは助けようとして、その手を握った。

途端に、凄い力で引っ張ってくる。とても子供の力とも思えない。

闇の中に引きずり込もうとしているようだ。

田沼さんは必死に抵抗した。何かないかと辺りを見回し、テーブルに置かれたオリーブオイルに気付いた。

手に向かって垂らすと、思った通り滑る。おかげでどうにか振り解けた。

ここで田沼さんは逃げ出してしまった。本来なら、大人を呼んでくるべきなのだが、とにかく離れたかったという。

それもできるだけ遠くへ。

自宅へ逃げ帰った田沼さんは、勉強道具を置いてきたことを思い出した。

それに加えて、小沢君がどうなったか気になって仕方ないのだが、あの家に行くのはどうしても嫌だ。

迷っているうち、電話が鳴った。電話を終えた父は、田沼さんの部屋までやってきた。

小沢君の家からだという。用件は、やはり忘れてきた勉強道具の件であった。

田沼さんは腹痛を言い訳にして、父に勉強道具の引き取りを頼んだ。

二十分後、父は妙な顔つきで帰ってきた。手に提げているのはコンビニの袋だ。

田沼さんは、小沢君の様子を訊ねてみた。

「いや、それが何だかおかしな具合でな。小沢君の家だけ真っ暗なんだよ。ブレーカーでも落ちたんじゃないかな。で、ドアをノックしたら少しだけ開いて、この袋を差し出してすぐに閉まったんだ。腕しか見なかったから、様子がどうとか訊かれても分からんぞ」

受け取った袋は油まみれだったという。
それから小沢君は登校しなくなり、いつの間にか引っ越していた。
あの日握られた手は、三十年経った今でも時々痺れるそうだ。

# 魂呼び

石倉さんには可愛い娘がいる。

今年五歳になった美鈴ちゃんである。

石倉さんにとって、かけがえのない宝物であった。

仕事は忙しかったが、週末は必ず休みを取り、家族全員のドライブを欠かさない。

家族の笑顔が何よりの御褒美なのである。


その日、向かったのは隣県にある高原だった。残念ながら妻は直前になって急な仕事が入ってしまい、二人きりのドライブである。

それでも美鈴ちゃんは、初めての牧場見学に大喜びであった。

昼はバーベキューを十分に堪能し、しばらく休憩となった。

美鈴ちゃんは、すぐ近くの森にカブトムシを捕まえにいきたいと言い出した。

目の届く範囲であり、特に危険な場所も見当たらない。

石倉さんは笑顔で頷いた。

歓声を上げて走り出した美鈴ちゃんは早速、見つけたらしい。そっと一本の木に近づいていく。

そこまで見届け、石倉さんは横になり目を閉じた。ほんの少しだけ、うたた寝を楽しもうとしたのだが、日頃の疲れが溜まっていたせいか、深く眠り込んでしまった。ふと目を覚ますと一時間も経っている。

慌てて飛び起き、美鈴ちゃんを探す。森の入り口には見当たらない。

森の中には散策を楽しめるような遊歩道がある。乾いた地面に足跡は残っていないが、とにかくここを進むしかない。

道に迷っているぐらいならまだいい、最悪の場合、池や川に落ちるかもしれない。

石倉さんは、息を切らせて走った。時折立ち止まり、名前を呼ぶのだが返事はない。

しばらく進んでいくと、森の奥から何か聞こえてきた。

誰かが泣いているようだ。とにかくそちらへ向かう。近づいていくと、やはり泣き声だ。

美鈴ちゃんの泣き声である。

が、それだけではない。声は二人分だ。声質も泣き方も似ている為に区別が付かなかったのだ。

娘の泣き声を真似る第三者がいる。いったい誰だ、何故そんなことをする。

石倉さんは戸惑いと怒りを露わにして進んでいった。

少し開けた場所に美鈴ちゃんはいた。

「あ。おとうさんだ」

さっきまで泣いていたとは思えない笑顔で手を振る。

「おとうさんあそぼ」

石倉さんは安堵のあまり、その場に座り込んだ。

父親の心配をよそに、美鈴ちゃんは楽しげに何か歌い出した。それは歌というよりも、犬の遠吠えのようである。

何をやってるのかと訊ねると、美鈴ちゃんは嬉しそうに答えた。

「こうするとまねするの」

誰がと訊く前に、森の中から遠吠えが返ってきた。そっくりそのままである。

美鈴ちゃんはそれが面白くて、泣いたり笑ったりしていたという。

近所の子供だろうか。もしかしたら、その子も迷ってしまったのかも。

石倉さんは声が聞こえてきた方向に呼びかけた。

「おーい、誰かいるのか」

「おーい、誰かいるのか」

驚いたことに、男の声が返ってきた。

美鈴ちゃんは、おとうさんの声だと喜んでいる。

何だか様子がおかしい。とりあえず森を出たほうがいいと判断した石倉さんは、美鈴ちゃんに手を差し出した。

美鈴ちゃんは、まだ遊び足りないのか、座り込んで歩こうとしない。

先程までの焦燥が怒りに変わった石倉さんは、思わず声を荒らげてしまった。

「美鈴っ、立ちなさいっ！」

その途端、森が石倉さんの声で満ちた。

四方八方から「美鈴」「美鈴」「美鈴」と呼びかけてくる。

これは絶対におかしい、ここにいては駄目だ。焦った石倉さんは、美鈴ちゃんを抱えて走り出した。

声は追いかけてくることなく、無事に逃げ切ることができたという。


いったいあれは何なのか。どう考えても答えは出そうにない。

石倉さんは予定を切り上げ、ぐずる美鈴ちゃんを車に乗せて帰途に就いた。

帰宅して、その日あったことを妻に話す。

妻は「山びこじゃないの？　あ、森だから森びこか」などと笑い飛ばす。

その笑顔で、石倉さんはようやく落ち着けたそうだ。


それから二日後。

美鈴ちゃんが突然、姿を消した。幸いにも何人か目撃者がいたため、発見は早かった。

美鈴ちゃんは駅前にいた。そこには僅かな木々が植えられ、人々の憩いの場になっている。

その木々をぼんやり見上げていたという。

何故そんな所に行ったのかと問われた美鈴ちゃんは、きょとんとした顔で答えた。

「おとうさんによばれたの」

家の前で遊んでいたら、美鈴、美鈴と呼ばれたというのだ。

その声に向かって歩いていたら、いつの間にか駅前にいたそうだ。

間違いなく父親の声だったと美鈴ちゃんは言い張った。

――木を見ていると、からだがふわっと軽くなって、きもちいいの。

美鈴ちゃんはそう付け加えた。

石倉さんの脳裏に、あの日の森の出来事が浮かんだ。

時系列に沿って思い返し、石倉さんは大切なことを一つ思い出した。

あのとき俺は、美鈴を名前で呼んだ。

森にいた何かは美鈴という名前を知ってしまったのではないか。

だが、それが正解だとしても何一つ進展しない。

それからも事ある毎に、美鈴ちゃんは森へ向かおうとした。

駅前だけではない。僅かなりとも木が立ち並ぶ場所なら、その何かは森と判断するらしい。

近所の果樹園、川沿いの桜並木、お寺の境内。ありとあらゆる場所に森がある。

美鈴ちゃんは度々、保育園を抜け出した。見つけたときは、ぼんやりと木を見上げている。

失神しているときもあったという。

何度も繰り返すうち、保育園からは問題行動ありとして美鈴ちゃんの受け入れを拒否されてしまった。

共働きでようやく成り立つ家計であり、どちらかが、ずっと見守っているわけにはいかない。

夫婦とも実家は遠方のため、そう度々子守りも頼めない。

結局、妻が退職するしかなかった。

それでも何とか倹約し、ぎりぎりではあるが石倉家は生活を営んでいたそうだ。

今年の春、市の事業の一環として、石倉家のすぐ近くに公園ができた。

そこには美しい森がある。

毎日のように、美鈴ちゃんはそこに行こうとする。

行ってどうなるのか分からないが、身体がふわっと軽くなるという言葉がやたらと気になる。

失神するぐらいの影響があるのは間違いないからだ。

全くの健康体なのに、体重が増えないのもそのせいかと勘ぐってしまう。

妻も何度か呼ぶ声を聞いたのだが、それは驚くほど石倉さんに似ていたらしい。

最近ではとうとう、真夜中に抜け出そうとした。

そのときは、石倉さん自身も美鈴ちゃんを呼ぶ自分の声を確認したという。

何人かに相談したが、最も多かった意見が「家を引っ越せば」であった。

だが、周りに木が生えていない場所は稀である。

引っ越す費用も捻出できない。不可能であった。

今現在、石倉さん夫婦は疲労が極限にまで達している。

# 穴の底から

西谷さんが暮らす町には、知る人ぞ知る鍾乳洞がある。

その鍾乳洞に繋がる洞窟もまた数多く存在していた。

西谷さんの家から歩いて数分の場所にもあったのだが、子供は近づくことすら禁止とされていた。

昭和三十年代に男の子が洞窟に入ったまま、行方不明になったからだという。

だが、そんな昔のことぐらいで、素直に冒険を止める少年などいない。

小学生の頃の西谷さんも、親に隠れて密かに探検を続けていた。まさに秘密基地である。

とはいうものの、それほど奥まで進むわけでもない。ロープもなく、懐中電灯もランプもない。

あるのは仏壇用の小さなロウソクだけだ。それでも五十メートルぐらいは進むことができた。

丁度、洞窟はその辺りで突き当たりになっている。

そこから急激に左に折れ、奥が見えない。幾ら冒険好きな少年でも、さすがに二の足を踏む闇が広がっていた。

中学生になって初めての夏休み、西谷さんは思わぬ武器を得た。

強力な懐中電灯である。当時、大型の台風が連続して発生したため、万が一を考えて父親が買ってきたのだ。

早速、突き当たりまで行き、闇に向かってスイッチを押す。

洞窟が、まだまだ先へ続いているのが分かった。何よりも西谷さんを驚かせたのは、竪穴の存在である。

二の足を踏んでいて正解だったのだ。もしも手探りで進んでいたら、間違いなく落ちている。

西谷さんは恐る恐る近づき、竪穴の中を照らしてみた。

懐中電灯がありえない物を照らし出した。

竪穴の深さは凡そ十メートル。その底に子供が寝ている。

まだ小さい子供だ。着ている服も身体も泥だらけである。

それどころか、顔全体も泥で覆われているため、性別すら分からない。

西谷さんは声を掛けようとして思い留まった。

あんなに顔が泥で覆われていて、平気なんだろうか。しばらく見ていたが、鼻も口も全く動いていない。

もしかしたら、土で作った人形かもしれない。

そうとしか考えられなかった。服ぐらい着せられるだろうし、髪の毛はカツラだ。

誰が何の為にという疑問には目をつぶり、人形に間違いないと思い込む。

その一方で、行方不明の男の子のことが頭をよぎったそうだ。

とにかくこれ以上見ていても仕方ない。いずれにせよ、自分一人ではどうにもできない。

叱られるのを覚悟の上で、大人に知らせるしかない。

しっかり様子を伝える為に、再び穴の底を照らした。

その瞬間、西谷さんは悲鳴を上げてしまった。

人形が壁に指を掛けて登ろうとしている。だが、何度やっても登れないようである。

登るだけの力がないのか、或いは壁が滑ってしまうのか、恐らくその両方だろうな。

恐怖に凍る頭の隅で、西谷さんはそんなことを考えていたという。

転びそうな勢いで洞窟を出た西谷さんは、家にいた祖父に男の子のことを知らせた。

いつも優しい祖父なら、話を聞いてくれるはず。その予想に反し、祖父は烈火のごとく怒った。

あの洞窟に入るなんてどうかしている、死んだらどうするつもりだ。

それしか言わない。穴の底に男の子がいたと涙ながらに訴えたのだが、全く相手にされなかった。

「ここ最近、行方不明の子供などいない。何十年も前の子供が生きとるわけがない。怖い怖いと思ってるから、そんなものを見た気になったんだ」

帰宅した父からも厳しく叱られ、洞窟には二度と入れなくなった。

祖父の言う通りである。あれは、自分の恐怖心が生み出した幻なのだ。

そう思い込むことで、何とか気持ちの整理を付けたという。


その年の秋、かつてないほど大型の台風が発生した。

西谷さんの町も激しい風雨に襲われ、市内を流れる川が氾濫し、辺りは水浸しになった。

洞窟にも水はどんどん入り込んでいく。

その様子を見ながら、西谷さんは久しぶりにあの男の子のことを思い出していた。

竪穴にも水が入っていくだろうな。まるで井戸みたいになる。

あの子が生きてたとしても、今度こそ溺れて死んでしまうだろうな。

でも今更どうしようもない。

西谷さんは、部屋と自分の心にカーテンを閉めて眠りに着いた。


台風一過の朝。

家の周りの片付けを手伝っていた西谷さんは、妙なものを見つけた。

洞窟から外に向かって付いた小さな足跡だ。

何処に向かっているのか辿っていくと、大きなマンションの前で足跡は消えていた。

それとなく祖父に訊いたところ、以前は文化住宅が密集していた場所とのことであった。


二十年経った今でも足跡は付く。

恐らく毎日である。

晴れの日は無理だが、雨で地面が濡れたり、雪が積もったときなどはよく分かる。

何度も何度もマンションの前まで行き、戻ってくる。それを飽きずに繰り返している。

足跡の大きさは二十年経っても小さなままだという。

# 赤いセーターの少女

とある読者の方から頂戴した話である。

小松さんという女性だ。小松さんは地方の小さなデパートに勤めていた。

そのデパートのおもちゃ売り場に、少女の霊が現れるようになった。

赤いセーターを着た六歳ぐらいの女の子である。

四年前の夏に突然現れ、それ以来ずっといるそうだ。

原因になるようなことは一切起こったことがない場所であり、誰もが不思議に思ったという。

昼夜を問わず、四六時中現れるため、おもちゃ売り場に来た子供達にも見えるときがある。

これが問題になってきた。

少女のお気に入りは、売り場で一番大きな熊のぬいぐるみだ。

常にそこから離れようとせず、触ろうとする子供は睨みつける。

見えてしまう子供は怖がって泣き出してしまう。

おばけがいる、怖いからあそこには行きたくない。

そのようなことを泣きながら叫ばれては、売り場として大変に面倒なことである。

何とかしなくてはならないのだが、経営側は全く動こうとしない。

実は既にこのときには、おもちゃ売り場の閉鎖が決まっていたのである。

そもそも、経営側は霊の存在など信じていない。

常識的に考えて、そんな噂話の類に予算を組むわけがない。

仮にいたとしても、拠り所がなくなれば消えてしまうだろうという理屈であった。

誰が聞いても納得できる解決方法だが、小松さんだけは釈然としなかった。

おもちゃ売り場がなくなったとしても、違う場所に現れるかもしれない。

何より、あの子が可哀想ではないか。

だからと言って、良い考えが浮かんだわけではない。

閉鎖の期限はすぐそこまで迫っている。

切羽詰まった小松さんは、思い切った解決方法に辿り着いた。

少女のお気に入りの熊を買い上げ、自分の家に置くというのだ。

正直、そこまでやる必要はないし、怖いことは怖いのだが、黙って見ていられなかったのである。

翌日出社した小松さんは、昼の休憩を利用しておもちゃ売り場に出向いた。

少女は、いつものように熊のぬいぐるみに抱きついている。

幸い、辺りには誰もいない。さすがに他人の目が気になる。

自分が何もない空間に向けて話しかけているように見えるはずである。

小松さんはそっと少女に話しかけた。

「ねえ。おばちゃんの声、聞こえる？」

少女は驚いたように小松さんを見つめた。まともに見るのは初めてだったが、小松さんは少女の様子に胸が痛くなったという。

薄汚れた赤いセーターはところどころ焦げて穴が開いている。

痩せ衰えた手足とぼさぼさの髪の毛が痛々しい。こうなれば、他人の目など気にしている場合ではない。

小松さんは涙をこらえながら説得を開始した。

「あのね、このおもちゃ屋さん、なくなっちゃうの。だから、おばちゃんがその熊さん買ってあげるから、おばちゃんの家に来ない？」

少女は黙ったまま、小松さんを見つめている。

状況が分からないのだろうが、早くしないと休憩の時間が終わってしまう。

小松さんは更に説得を続けた。

「ね、いいでしょ？　おばちゃん家、居心地いいと思うよ」

少女は相変わらず何も言わずに見つめてくるだけだ。

「お願い、そうしないと、あなた消えちゃうかもしれないの」

その瞬間、少女の身体が徐々に薄れてきた。

完全に消え去る前に、少女は小さな声でこう言った。

「もういい」


その日を境に少女は現れなくなった。

結果的に小松さんが除霊したことになる。

熊のぬいぐるみは不良在庫として処分されたという。

# 就職祝い

篠崎さんの弟は十六歳の誕生日以降、家から一歩も出なくなった。

かれこれ四年になる。当初は両親も篠崎さんも慰め、或いは励まし、時には叱りつけて事態の解決を図ったのだが、二十歳を境に諦めてしまったという。

弟の名は明康。

明るく健康な子にと願いを込めて付けられたのだが、今ではそれも空しく聞こえるだけであった。

それは初夏のこと。

明康は、いきなり人形作りを始めた。別に人形作家を目指したわけではない。

偶々、ネットで見かけた人形に興味を覚えたのが切っ掛けだ。

何もしないよりはマシと判断したのか、両親は言われるままに材料を買い与えた。

この時点では、どのような人形を作るつもりか家族全員が知らなかったという。

購入した材料から察するに、日本人形だと思われた。

とはいえ、材料を揃えたぐらいで、どうにかなるものではない。

特に首だ。着物は何とか形にできる。針と糸を使ったことがない者は少ない。

だが首は素人では無理だ。

例えば市松人形の首は、おがくずに正麩糊を練り合わせた生地を鋳型に流し込んで作る。

思いつきで取り掛かれるものではない。

だが、明康は自作を試みたようだ。その証拠に、首用の材料が何度か届いたのである。

三カ月近く挑戦したようだが、結局、物にはできなかったらしい。

元々、手先の不器用な人間なのである。

それでも人形作りそのものを諦めることはなかった。

最終的に、明康は紙粘土で首を作ることで妥協した。

鼻や口はまだいい。どうにもならないのが目である。

完成品の目玉は、人形の専門店で入手できる。安いものなら千円以内だ。

だが、明康は懲りずに自主製作を始めた。アクリル球を削り、ビーズを乗せる。

作業の手順はまたしてもネットから拾ってくる。顔すら作れないのに、上手くいくわけがない。

それでもようやく一体が出来上がった。

大切そうに持ってきた人形を自慢げに披露したのだが、それはお世辞にも上出来と言えるものではなかった。ハッキリいえば不細工である。

家族の反応に腹を立てた明康は、その後も意地になって作り続けた。

通常なら、数を重ねる度に腕が上がっていくのが当然である。

だが、明康は物作りに最も必要な『飽きずに続ける』という才能を持ち合わせていなかった。

結局、半年経たずに放り出し、二十五体の不細工な人形だけが成果として残されたのである。

人形達は段ボール箱に詰められ、押し入れの奥に片付けられ、存在を忘れられた。

それを思い出したのは、当の明康自身であった。

人形を片付けてから二週間後の真夜中である。

「兄ちゃん、助けてくれ」

明康が泣き出しそうな声で、篠崎さんの部屋のドアを叩いた。

時計の針は二時十分を指している。事情を訊くと明康は、震える声で話し出した。

ついさっき、自分が作った人形に襲われたという。

パソコンを閉じ、ベッドに入ったのが二時過ぎ。うとうとしかけたとき、押し入れが開いたという。何か近づいてくる気配がする。フローリングの床を小さな足音を立てるものが幾つもやってくる。

そいつらはベッドをよじ登り、足から膝、膝から太腿へと這い上がってきた。

起き上がろうとしても、指一つ動かせない。

必死で抗っていると、どうにか右足の親指が動いた。それを切っ掛けに全身の呪縛が解ける。

身体にしがみついているものを無我夢中で払いのけ、灯りを点けた。

ベッドや床の上に散乱しているのは、自分が作った人形達であった。

触ることすら恐ろしく、そのままにして逃げてきたのだという。

篠崎さんは、夢でも見たのだろうと言いかけて止めた。尋常でなく怯えており、そのような言葉だけでは納得しそうにない。

とりあえず一緒に部屋に向かうことになった。

ドアは開きっ放しである。怯え切った明康を廊下に待たせ、篠崎さんは部屋を覗き込んだ。

明康の説明通り、部屋中に人形達が散らばっていた。押し入れも僅かに開いている。

薄気味悪いのは確かだが、それでも理性は働いている。こいつらが動くはずがない。

篠崎さんは手前にあった人形を拾い上げてみた。

しみじみと見るのは初めてである。やはり、哀れなぐらいに不細工な顔だ。

篠崎さんは一旦、人形を置いて押し入れを開けた。人形を片付けていた箱を取り出す。

箱は粘着テープで留められ、片付けたときの姿を保っている。とりあえず粘着テープを剥がし、中を調べようとして気付いた。

箱の横に穴が開いている。何かにぶつけたぐらいで破れるような箱ではない。

よく見ると、箱の内側に細かい紙屑が落ちている。

もしかしたら、人形がむしり取ったのではないか。

時間を掛けて少しずつ穴を広げていったのでは。

だからこそ、片付けてから二週間後に現れたのだ。

篠崎さんは己の想像に鳥肌を立てながら、さっき床に置いた人形を見た。

人形は置かれたままの姿で転がっている。

だが、何かがおかしい。何かが違う。数秒後、その理由が分かった。

人形が拳を握りしめている。拾い上げたときは、手を広げていた。それは間違いない。

指もいい加減な作りだな、と感じたのは覚えている。

いや、気のせいかもしれない。きっとそうに違いない。

篠崎さんは拳の件を自分の勘違いということにしてしまい、人形達を拾い集めて段ボール箱に戻した。

その後すぐに思い直し、ポリプロピレン製の衣装ケースに入れ替えた。

解決方法を聞いた明康は大きく頷き、その手があったかと膝を打った。

蓋はロックできるようになっているのだが、明康はその上から念入りに粘着テープを貼り、更に分厚い布団で包み、ようやく安堵の表情を浮かべた。

これが功を奏したのか、人形が現れることはなくなった。

いずれにせよ、一度きちんと供養をしたほうがいい。篠崎さんはそう助言したのだが、明康は鼻で笑って取り合おうとしない。

あれほど怯えていたのを忘れ、明康は普段通りの生活に戻った。

結局、人形が部屋に現れたのは、あの一晩だけであった。


二カ月を過ぎた夜のこと。

明康が家を飛び出した。文字通り、走って出ていったのだ。

荷物も何も持たず、冬だというのに着の身着のまま、靴さえ履かずにである。

明康は悲鳴を上げながら町内を走り回り、通報を受けた警察官に保護された。

篠崎さんが迎えに行ったのだが、どうしても家には戻りたくないと駄々をこねる始末だ。ひたすら嗚咽しながら「人形が、人形が」と繰り返す。あの人形のことかと訊くと、激しく頷いた。篠崎さんは嫌がる明康を車に乗せ、帰宅した。

「俺が調べてくるから、おまえは車の中で待ってろ」

そう言い残し、明康の部屋に向かう。いい加減にしてほしい気持ちで一杯である。

人形がどうしたというのだ。あの頑丈なケースを食い破ったとでもいうのか。

ぶつぶつと怒りを口にしながらドアを開けた。

押し入れが開いている。布団が引きずり出されていた。

人形を入れた衣装ケースを包んでいた布団だ。寒くなってきたので使おうとして外したのであろう。

そのおかげで、衣装ケースは中が透けて見えている。

確かに人形達はケースの中にある。だが、様子が違う。

人形達の顔が、こちら側を向いてみっしり詰まっているのだ。

あのとき、適当に押し込んだはずなのに、順序良く並んでいる。

その結果として、顔がずらりと積み上げられたのである。

しかも、いずれも人相が変わっている。以前見たときは、単に不細工なだけの人形であった。見る人によっては、愛嬌があると感じたかもしれない。

それが今では凶悪そのものである。ただでさえ大きな目を更に大きく見開き、口を歪め、歯を剥き出している。

それ以上見ていられなくなり、篠崎さんは慌てて押し入れの戸を閉めた。

それだけでは足らず、家から出て車に乗り込んだ。

荒い呼吸を抑えようとする篠崎さんを明康が見つめている。

「見た？　見ただろ、あれ」

それには答えず、篠崎さんは明康を問い詰めた。

「おまえ、あれ何だ。何であんな顔に作り替えたんだ。御丁寧に歯なんか付けやがって」

明康は目を丸くして頭を振った。

知らない、歯なんか作れる技術は持ってない、その二つを何度も繰り返す。

じゃあ自分で確かめてみろと言っても動こうとしない。

とうとう子供のように泣き出した。結局、その夜を境に明康は居間で寝起きするようになった。

それでもなお気持ちが収まらなかったのだろう。明康はありったけの金を盗み、家を出ていったきり、連絡が付かなくなった。

篠崎さんも両親も本気で探そうとはしなかった。正直、それどころではなかったのだ。

明康が残していった人形達が日増しに力を蓄え、外に出ようとしている。

押し入れは開けていないが、それが分かるという。当初、馬鹿にしていた両親さえも、人形達が発してくる気配に怯え出した。

このままではいけない。どうにかしないと。

決心した篠崎さんは、必死の思いで押し入れを開けた。

人形達を閉じ込めたケースを見る。明らかに膨張しているのが分かった。

肝心の人形達を見た篠崎さんは、恐ろしさのあまり身体が震えたという。

紙粘土で作られた為か、二十五個の顔が溶け合い、混ざり合って一つの塊になっていた。

そのあちこちに目と鼻と口がばら撒かれている。

篠崎さんは四つん這いのまま、部屋から逃げ出した。押し入れを閉じる余裕などない。

そのせいか、人形の気配は篠崎家全体に満ちてきた。

父親が知り合いの紹介で頼んだお祓い師は、門から中に入ることすら拒んだ。

「これは箱から出して供養したぐらいでは何ともならん」

ではどうすればいいのかと訊くと、そのお祓い師はこう答えた。

「あの者達は己の醜い容貌を恨んでいる。美しく作り替えた上で供養すれば何とかなるかもしれない」

不可能である。顔は既に一つの塊になっているのだ。

篠崎さんは絶望し、同時に明康を心底から憎んだ。

散々迷惑を掛けておいて、自分一人逃げ出すとは。

そして篠崎さんは心を決めた。

高い費用を掛け、明康の居場所を突き止めたのである。

明康は、パチンコ屋の寮で寝泊まりしながら働いているらしい。

篠崎さんは、その部屋に向けて荷物を発送した。大切な弟の就職祝いである。

「貴方達を作った男の所へ送りますから」

そう人形達に話しかけると、膨張していたケースが一瞬にして元の大きさに戻ったという。

そこから先、明康と人形達がどうなったかは、現時点では取材できていない。

# 写真立て

川本さんの友人である倉野さんが消息を絶ったときの話である。

常ならば一日空いただけでも心配するのが普通なのだが、季節は夏であった。

皆、夏季休暇の真っ最中である。メッセージには既読が付いており、単に忙しいのだろうと思われていたのである。

川本さんは知人から、倉野さんがアルバイトを無断欠勤していると相談を受け、初めて分かったという。

何かの事件に巻き込まれたか、何処かで事故に遭ってしまったか。

いずれにせよ、このまま放置しておくわけにはいかない。

履歴書に実家の住所と電話番号が記入されており、両親には連絡が付いたらしい。

遠方からのため、到着は明日の午後になるという。

川本さんは、とりあえず倉野さんのアパートに向かった。

ふと思いつき、電車内でメッセージを送ってみる。

最寄り駅で降りたのを見計らったように返事が返ってきた。

文章はなく、映像だけである。

再生すると、何処かの部屋が映った。どうやら倉野さんの部屋だ。

壁のポスターや、家具に見覚えがある。

映像は室内をくまなく映していく。

「何だ、いるじゃない。心配させせんじゃないわよ」

川本さんは画面に向けて、思わず悪態を吐いた。

部屋に到着し、ドアをノックする。

返事がない。先程の返信から五分も経っていない。

「ちょっとー、いるんでしょ？　ねぇ、返事しなさいよ。皆、心配してんのよ」

それでも反応はない。

苛ついた川本さんがスマートフォンを取り出した途端、倉野さんからメッセージが届いた。

同じ映像だ。

二度目のせいか、一つ気付いたことがあった。

壁際のタンスの上に置かれた写真立てが、ひとりでに倒れたのである。

写真立ては全部で四つ。倒れたのは、そのうちの一つだけだ。

確かに不思議だが、これが何だというのだ。

とにかく今は、本人と話さねば。

川本さんは、更に強くノックした。

が、相変わらず返事がない。

その代わり、三度目の映像が届いた。

似たような画面が続いている。壁、ポスター、タンス。

その次が写真立て。

ここからが違った。写真立てが次々に倒れていくのだ。

四つ全てが倒れたところで映像は酷く乱れ、天井を映したきり動かなくなった。

スマートフォンを落としたのかもしれない。

そこで終わった。

相変わらず返事はない。中に人がいる気配すらない。何より気になるのは、ドアから漏れてくる嫌な臭いだ。

何かおかしい。何処か変だ。

川本さんは迷った末に、友人が倒れているかもしれないと理由を付けて警察を呼んだ。

十分後、自転車に乗った警察官が到着。

警察官は早速、アパートの管理人に連絡を取り、ようやく部屋の扉が開けられた。
倉野さんは中にいた。
電源コードらしきもので首を吊っている。
既に息絶えていることは明らかであった。

そこからが大変だった。
川本さんは当然の如く事情聴取され、送られてきた映像も見せた。
が、何の参考にもならなかったらしい。
倉野さんは首を吊ってから、既に五日以上経過していたのである。
では誰が映像を撮影し、送ったのか。
そもそも、この映像にはどういう意味があるのか。
一切が不明のまま、倉野さんは自殺として処理された。
数日後、川本さんは倉野さんの実家に向かった。
せめて線香でも手向けたいと思ってのことである。
御両親は恐縮し、川本さんを仏壇の前に案内してくれた。
焼香し、手を合わせながら、川本さんは何となく違和感を覚えた。

遺影が飾られていないのだ。

川本さんの様子を見て察したのか、御両親が理由を教えてくれた。

どうやっても写真立てが倒れてしまうらしい。

額縁に入れて壁に掛けてみようと試みたときは、紐が千切れてしまったそうだ。

帰宅した川本さんは、ふと思いつき、自分のスマートフォンから倉野さんの画像を探し始めた。

正面から撮影したものが一枚だけあった。何かのコンパのときに写したものだ。

あでやかに微笑んでいる。

それを表示したまま、スマートフォンを壁に立てかけてみた。

ものの数秒で、ぱたりと倒れた。

# 昼間の星

以前の横島さんは無頓着の手本になるような女性であった。

それ以外にも無鉄砲という形容詞が付く。加えて、何事にも好奇心旺盛である。

本人もそれはよく分かっているため、日々の仕事や日常生活に支障を生じるようなことはしない。

その特性を存分に発揮するのが趣味方面だ。

横島さんが最近はまっているのが心霊スポット巡りである。

一般人なら絶対に行かないようなガチガチの心霊スポットも、みなぎる好奇心をナビゲーションにして、無鉄砲に突っ込んでいく。

何やら因縁深そうな物品や、想いが沁み付いているような代物も無頓着に手にする。

怖いことは怖いという。けれどそれは、場が持つ雰囲気が怖いのであって、実際に霊的な現象や霊そのものを見たことはないらしい。

現場は写真に撮り溜めて、タブレットで持ち歩く。

横島さんにとって、心霊スポットはアトラクションなのである。

誰が見ても完璧に悪い趣味であり、常日頃から友人達は注意していたのだが、全く聞く耳を持たない。

そんな横島さんが、ぴたりと心霊スポット巡りを止めたという。

その切っ掛けを作ったのは、新入社員の岡部という女性であった。

会社の昼休憩のときのことだ。

例によって横島さんは、週末に行った心霊スポットの画像を仲間に見せていた。

ネットで拾い集めた情報を参考に、最恐物件といわれる廃屋に行ってきたのである。

しばらくすると、少し離れた場所にいた新入社員が、ゆるゆると近づいてきた。

「私にも見せてもらっていいですかぁ」

「え？　あ、ああいいけど。ええと」

名札には岡部とある。

「岡部さん、こういうの興味あるの？」

「興味はありません。むしろ嫌いです」

だったら無理に見なくても。そう言いかけた横島さんの機先を制するように岡部さんがタブレットを指さした。

「ここにいますね。うわあ。これは怖いな」

岡部さんが示したのは、古びたタンスの画像だ。

特に何も見えない。ただのタンスだ。

「何処よ」

「見えませんか。ここ。これが目、これが鼻、これが口」

そう言いながら岡部さんは指先で丸く囲んでみせた。

その瞬間、見ていた全員が仰け反った。

今の今まで、何もないと思っていた空間にハッキリと男が映っている。

凄まじい顔で睨んでいる。

それまでは影としか見えなかったのだが、視点を変えることで分かったのだ。

岡部さんは画像を変え、次々に指摘していった。

驚くことに、全ての画像にその男は写っていたという。

「あれですよ、騙し絵ってあるでしょ？　影だと思ってたら、実は犬だったとか。綺麗な女性だと思っていたら、怖いお婆さんだったとか。こういうのも同じです。写っているのに見えない。見ようとしない。安全の為に脳がごまかしちゃうんです」

唖然とする横島さんを横目に、岡部さんは他の心霊スポットの画像も見ていった。

「あー、ここもいる。ほら、ここです」

何度か示されるうちに、横島さんにも分かってきた。

最後には、自ら指摘できるまでに至ったのである。

「横島先輩、よくこんな危ない場所に行けますよねぇ」

岡部さんはそう言い残して喫茶室を出ていった。


それ以来、何を見ても分かってしまう。一度そういう見方が身に付いてしまったらどうしようもないようだ。

夜ばかりではない。昼間でもいる。

わざわざ心霊スポットになど行かなくても、街の中に普通にいるという。

# 記念写真

作田さんはカメラを趣味にしている。

警察官という堅い職業だが、撮る写真は至って柔らかい。

産まれたばかりの我が子を撮影したのが始まりだ。

その後は家族のみならず、動物や風景にまで撮影対象を広げていった。

本人曰く、熱しやすく冷めやすいタイプだが、カメラだけは長続きしている。

その魅力を聞かれると、一瞬を切り取って残しておけるところがいいのだという。

プリントした写真は、それぞれのジャンル毎に分けられ、アルバムに整理されている。

背表紙に【動物・犬】【動物・猫】【風景・海】などと記されたアルバムは、十冊を超えるそうだ。

その中の一冊に、いずれのジャンルにも区分できないものがあった。

【記念碑】と記されたアルバムの中身は、撮影対象として不向きなものばかりである。

信号機、駐車場、通勤電車、何の変哲もないビルやアパート。どう見ても面白みのない写真ばかりだ。

何よりも、記念碑と名付ける意味が分からない。
だが、この一冊を作田さんは最も大切にしていた。
作田さんの説明によると、これらは全て人が亡くなった現場である。
成人したばかりの女性が衝突して亡くなった信号機。
車内に閉じ込められた幼児が亡くなった駐車場。
サラリーマンが飛び込み自殺した通勤電車。
それ以外のビルもアパートも、自殺や殺人事件があった場所である。
作田さんは、ほとぼりが冷めた頃を見計らって、そういった現場を撮影したのである。
管轄の場所もあれば、管轄外のものもある。
自殺した事実を外部に漏らしたくない家庭もあり、そういった現場は公表されない。
普通に暮らす一般人では、知りようのない場所も数多くあった。

最初に撮影した日のことを作田さんは今でも鮮やかに思い出せるという。
それは三月にしては暖かい日であった。
帰宅する途上の交差点で、作田さんは信号が変わるのを待っていた。
青になり歩き出す。渡り切ろうとした瞬間、唐突に事故のことが頭に浮かんだ。

丁度この交差点だった。華やかな晴れ着を血の色に染め、女性が亡くなったのは。酷い有様だった。車が信号機にめり込んでいた。女性は、顔の下半分がハンドルに当たって潰れていた。

クラクションを鳴らされて、作田さんは自分が信号機を凝視していたことに気付いた。その一時間後、カメラを携えて戻り、撮影したのが最初の一枚であった。

その後も作田さんは現場写真を撮り続けた。

事件直後ではなく、何カ月か経った頃に撮るだけであり、咎《とが》められることではない。

かつてそこで人が死んだにも拘わらず、何事もなかったかのようにそこにある風景。それがたまらなく魅力に感じられたのだと作田さんは言った。

街は常に人の死で溢れており、撮影対象に限りはなかった。


撮り始めて二年が経った頃。

作田さんは、半年前に起きた飛び込み自殺の現場を撮影していた。

唐突に話しかけてきた者がいる。

振り向くとそこには、若い女性が立っていた。顔見知りではないことは確かである。

「ええと、何か?」

作田さんの問いかけに対し、女性は諭すような口調で答えた。

「貴方は何故、そんなものを撮影しているのですか」

作田さんは答えに詰まった。

しまった。この女性は、ここで自殺した人の身内に違いない。

そう考えるしかない。作田さんは、とりあえず自分の身分を明かした。

自分は警察官である。

そう言った瞬間、言い訳が浮かんだ。

これは捜査とは何の関係もないが、何かの資料として役立つのではないかと思い、撮影している。

あまり上出来な理由ではないが、女性は黙り込んだ。

「じゃあ僕はこれで失礼します」

会釈して立ち去ろうとした作田さんを呼び止め、女性は意を決したかのように言った。

貴方は本当は何を撮影しているか分かっていない。

貴方には見えないだろうが、そこには人が立っている。

酷い姿だから、飛び込み自殺をした人だと思う。

貴方は自ら選んで撮影しているつもりかもしれないが、それは貴方の意思ではない。

単に操られて、撮影しているに過ぎない。

そういう人達は、いつまでも覚えていてほしいから、写真に撮られたがるのだ。

女性はそれだけ言って気が済んだのか、その場から離れようとした。
二、三歩進んで何を思ったか、女性は振り返った。
「写真を撮られるだけじゃ満足できない連中もいるから。気を付けたほうがいいですよ」

そう言い捨てて、歩み去った。

今度は二度と振り向かなかった。


折角の忠告だったが、その後も作田さんは撮影を止めなかった。

止められなかったというのが正解かもしれない。

写真はアルバムに納めるのが勿体ない気がして、部屋に飾ることにしたそうだ。

最初は特に印象深い現場を一、二枚飾っておいただけなのだが、どの現場も公平に扱うべきだと考え直し、全ての写真を飾っているらしい。

今では自分の部屋だけに収まりきらず、家の壁という壁に貼り付けてあるという。

【撮られるだけじゃ満足できない連中】だが、作田さんが言うには未だに現れていないとのことだ。

御家族は何も言わないのですかと訊ねると、作田さんは事もなげに答えた。

「先月、妻も娘も飲酒運転の車に轢《ひ》かれて死にました」

その現場の写真は、一番良い場所に飾ってあるのだと作田さんは自慢した。

道路を撮影しただけの写真のはずなのに、作田さんの妻と娘が写っているそうだ。

# 順番待ち

倉持さんが大学に向かう道沿いに、世間一般で言うところのゴミ屋敷がある。

中年の男性が一人で暮らしているらしいのだが、その姿を見た者は久しくいなかった。

実は既に死んでいて、ゴミの中に死体が埋まっているなどという噂もあった。


それは去年の十二月のこと。倉持さんは自分の部屋で飲み会を開いた。

集まったのは、小学校からの友人である津川と菅野。

倉持さんの両親とも顔なじみである。津川は「大きくなっちゃって」などと言われている。

酒が進むにつれて昔話が始まり、ゴミ屋敷のことが話題に上った。

三人は好奇心丸出しで語り合い、とうとう探検隊が結成されてしまった。

人の気配がないとはいえ、個人の住宅である。面白半分に入って良いわけがない。

だが、そのような一般常識や良心の呵責《かしゃく》は、全て酒が塗り潰してしまった。

更に言うならば小学生時代の三人は、そういった探検をしょっちゅう繰り返していたのである。

二次会もそこそこにゴミ屋敷へと出発した。大きくなっちゃってと言われても、中身はまだまだ子供であった。

途中、コンビニで懐中電灯と缶ビールの追加を買い求め、三人はゴミ屋敷の前に立った。

家の中は真っ暗である。人の気配どころか、物音一つしない。

まずは何処からどうやって入るかだが、それはあっさりと解決した。

周り中ゴミだらけで、入れそうな箇所は玄関に通じる一箇所しかない。

しかも、その玄関は扉すらなかった。

倉持さんが先頭に立ち、懐中電灯で行く手を照らしてみた。

家の中もゴミだらけだ。人一人がようやく通れる隙間が空いているだけである。

それでもどうにか進んでいくと、左側に襖を見つけた。

開けた途端に死体があるかもしれない。さすがに手が震える。

僅かに隙間を空け、鼻を近づける。腐臭はしない。相変わらず人の気配はない。

思い切って開けてみた。そこには意外な光景が広がっていた。

きちんと整理整頓されているのだ。無論、塵《ちり》一つないというわけではない。

様々な物が雑多に積み上げられているのだが、一定の法則があるように見える。

新聞や雑誌が多い。次に多いのが衣類だが、全てきちんと畳まれてある。

津川が手近にあった箱を開けてみた。

大きなサイズの写真がぎっしりと詰めこまれている。

何枚か手に取り、しげしげと眺めていた津川は、怪訝そうな顔で腰を据えて見始めた。

「どうした。何の写真だ」

津川は返事もせずに、箱ごと渡してきた。

一番上にあるのは家族の写真である。町の写真館で撮影したような記念写真であった。

その下にある写真も記念写真だ。

ざっと調べると、全てがプロの手によるものと思われる写真ばかりである。

そして全て違う家族だ。

「何だこれ。こういうのって、どうやったら手に入るんだ」

隣から覗き込んだ菅野が不思議そうに訊いたのだが、誰も答えが出ない。

考えられるとすれば、この家の住人が写真館を経営していたか、何処かから盗んできたかのいずれかだ。

ネガフィルムが残っていれば、何枚でも現像できるだろうと菅野が言った。

いずれにせよ、今のところ事実は確認のしようがない。

三人は次の部屋に向かった。

今度は菅野がそろそろとドアを開け、臭いを嗅いでみる。特に異常は感じられない。

懐中電灯で室内を照らし、覗き込んだ。

次の瞬間、菅野は低いうめき声を発して後ずさった。

何が見えたと訊いても返事をしない。

これはいよいよ死体と御対面かと覚悟を決め、倉持さんは部屋に入った。

案に相違して、室内はがらんとしていた。

ここでようやく菅野が声を上げた。

「壁。壁を見ろ」

倉持さんは懐中電灯を壁に向けた。

そこには、壁一面にぎっしりと並ぶ藁《わら》人形があった。

床から天井まで隙間なく埋め尽くされている。

恐る恐る近づいて調べると、藁人形は五寸釘で打ち付けられていた。

それぞれに何か折り畳まれた紙片が貼ってある。思い切って剥がして広げると、そこには四人分の氏名が記されてあった。

その隣は三人、そのまた隣は五人。姓は同じで名が違う。

どう考えても、何処かの家族全員分の名前である。

津川が他の二人の思いを口に出した。

「これって、居間にあった家族写真と関係してんのかな」

三人は居間に戻り、写真を調べ始めた。日付か何か書いてないだろうかと裏返す。

そこには赤いインクで、撮影日時と思しき数字が記入されていた。

それと、その数字の下に、もうひとつ年月日が記されてある。

他の写真も同様に、二種類の年月日が記されてあった。

ここから早く出ようという津川の提案を無視し、倉持さんと菅野は廊下を奥に進んだ。

突き当たりの部屋のドアを薄く開けた途端、強烈な腐敗臭が溢れ出してきた。

今度こそ間違いない。死体があるに決まっている。

倉持さんは覚悟を決め、ドアを開けて中を照らした。

そこにあったのは、大量の犬の死骸であった。そこまでが限界である。

三人は我先に玄関に向かって走り出した。津川は泣いているようであった。

家の外に出ても誰ひとり止まろうとしない。そのまま、近くの商店街まで走り続けたという。

酒に酔った身体で全力疾走は無茶である。三人ともへたり込んでしまった。

お互いの情けない様子を見ながら、言葉一つ交わせない。

ようやく息を整えた津川が、小声で訊いた。

「あれはいったい何をするつもりなんだ」

不貞腐《ふてくさ》れたように菅野が返す。

「分かってたまるか」

二人の会話を聞きながら、倉持さんは嫌なことを思いついてしまった。

「あの数字さ、一つは撮影日だろ。もう一つは、その家族が死ぬ日だったりして」

「家族全員が同時に死ぬってか。何で。どうやって」

分かれば苦労しないことばかりである。

結局、何一つ答えが出ないまま、その夜は別れた。

その夜のことを三人は誰にも打ち明けなかった。

異常な家ではあるが、罪に問われるとすれば不法侵入を犯した三人である。

翌年早々、就職が決まった倉持さんは町を離れ、いつしかその夜のことは忘れてしまっていた。

それを思い出させてくれたのは、津川からの電話であった。

津川は、あの家について調べていたという。

三人の中で一番怖がっていたくせに何故だと訊くと、津川は少し間を空けてから答えた。

津川の祖父が、あの家に住む男を知っていたらしい。

その男は写真屋を経営していたのだが、かなり前に店は潰れたそうだ。

腕も愛想もないくせに、プライドだけはある男だったから、自然と客が離れていったのである。

悪いことは重なるもので、一人息子が難病に罹《かか》ってしまった。

治療費を稼ぐ為に共働きに出た妻は、生活に疲れ果てて不倫の果てに逃げ出した。

息子も亡くなってしまい、独りきりになった男は不幸の全てを町のせいにした。

うちの店が儲かっていれば、こんなことにはならなかったんだというのである。

逆恨みも甚だしいが、男はそのようなことを誰にともなく怒鳴り出した。

更に、町の住民達の写真を遺影のように黒枠で飾り、ショーウィンドウに展示したのである。

その上で、男は高らかに宣言した。

おまえ達、全員、呪い殺してやる。

そこまで話してから、津川は声を潜めて続けた。

「今でも呪い続けてるんだろうが、何も起こらない。呪いなんてあってたまるか。爺ちゃんはそう言っていたんだけど、少し様子が変わってきたんだよ」

男のゴミ屋敷は行政の手により、あらかた片付けられてしまったのである。

藁人形や犬の死骸が大量に発見され、騒然となったのだが、肝心の男の姿は何処にもなかった。

男は数キロ離れた山中で自殺していた。

ハイキングに来た老人会の団体が見つけたため、詳細が街中に広まってしまったという。

男の周りには大量の記念写真があった。その全てに黒々と続き番号が記されてあった。

一から五十七まで続いていたのだが、その数字通りに死が訪れているのである。

厭らしいことに、その家族にとって最も大切な人物がピンポイントで亡くなっていた。

殆どが大黒柱たる父親であるが、中には生まれたばかりの子供や、新婚家庭の妻もいた。

偶然だと主張する者も多くいたが、七度続く偶然はないと反論されて黙り込んだ。

「それでね。皆がパニック起こしちゃって、男の店で記念写真を撮った覚えがある連中が市役所に押し掛ける騒ぎになった。結局、市民団体の要請で閲覧が許されたんだ」

そこでまた、津川はしばらく黙り込んだ。それからぼそりと呟いた。

「僕も見に行ったんだ。爺ちゃんに頼まれてね。写真、あったよ。僕の七五三のときの写真らしい。四十五って書いてあった」

馬鹿らしい、そんなくだらないことを気にしてどうする。

月並みな言葉で励ます倉持さんに向かって、津川は静かに言い添えた。

「倉持。おまえん家もあったよ。おまえ、七五三のときに武者の格好したんだな。似合ってたぞ」

絶句する倉持さんに津川は気の毒そうに付け加えた。

「おまえん家、四十九番な。じゃあ、お互いに身体には気を付けようぜ」

町の住民は何度もお祓いを試みたそうだが、成果は上がっていないらしい。

今のところ、津川は存命だ。

# 鼻血

磯川さんは、このところずっと鼻血に悩まされている。

二週間前、旅行から戻った夜に突然始まったという。

昼間は出ない。夜、眠っている間に出る。時間は決まっていないが、とりあえず真夜中である。

出るときは決まって金縛りになる。

指一本動かせずに焦っていると、いきなり胸の上に手が置かれる。

目は開けられないが、感触で子供か女性のような気がする。

手は胸から首、首から顎に上がってくる。

そのまま止まらずに顎から唇、唇から鼻に辿り着く。

そして細い指が鼻の穴に入り、じわじわと奥に進んでくる。

何故か、それほど痛みはないそうだ。胃カメラを鼻から入れたときと似ているらしい。

生々しい感触は、鼻の奥へ入り込んだ瞬間に消える。

数秒後、鼻腔を鼻血が伝わってくる。血は鼻腔から頬を伝い、枕を赤く染めていく。

それでもなお、金縛りは解けない。だらだらと流れる鼻血が止まってから、ようやく身動きできるようになる。

自分自身が寝ぼけてやった可能性が強いのだが、触れる手はどう考えても男性のものではない。しかも自分の指は綺麗なままだ。

考えてみれば、金縛りで動けないのだから当然である。

だが、この時点で磯川さんが気にしたのは金縛りではなく、鼻血であった。

金縛りは気のせいだろうが、鼻血は何らかの病気の前兆かもしれない。

不安になった磯川さんは、とりあえず耳鼻科を受診した。

少し炎症を起こしているだけで、鼻血の原因になりそうなものは見つからない。

医師の話によると、睡眠中は体温の上昇とともに血管が膨れる。

そのため、鼻の奥に傷が残っていると、僅かな刺激で破れやすくなるそうだ。

それよりも医師は金縛りに興味を示した。

金縛りは睡眠麻痺と言い、ストレスや疲労から来る場合が多い。

案外、鼻血の原因もその辺りと密接に繋がっている可能性が高いのではないか。

そう説明し、医師は金縛りの対処法を教えてくれた。

まずは、目を左右に動かしてみる。続いて、声を出してみる。

そこまでやっていると、徐々に気持ちが落ち着いてくる。

そうなればしめたものだ。集中しているうちに、徐々に身体が動くようになっていくという。

試してみる価値は十分にある。磯川さんは、久しぶりに余裕を持って夜を迎えた。

ゆったり眠っていると金縛りがやってきた。

いつもと同じである。よし、今こそ試すときと勢い込んだ磯川さんは、目を左右に動かそうとした。

その途端、閉じた瞼をそっと押さえつけられた。

悲鳴を上げようとする前に、唇がぎゅっと捻り上げられる。

両足の親指が動きそうだったのだが、それも押さえつけられた。

そのままの状態で、いつものように鼻の中へ指が入り込んでいく。

磯川さんは耐えきれずに気絶したという。

気が付いたときには、いつもより大量に鼻血が出ていた。

磯川さんは、今ではされるがままになっている。

「だってね、目玉を押さえて、唇を摘まんで、両足の親指も押さえた状態で鼻に突っ込んできたんだよ。いったい何人いるんだって話。多勢に無勢だろ」

# 遠い背中

「少し辛い話だけど、良かったら聞く？」

長尾さんは、そう前置きした。

それは、長尾さんの友人である田辺さんの身に起こった出来事である。


田辺さんには愛する夫がいた。

二枚目で誠実で、仕事もできて親孝行。幸雄という名前に相応しい男性であった。

その幸雄さんを突然奪ったのが震災である。

亡くなったかどうかすら分からない。

何処を探しても見つからないのだ。

何処かで生きているのではと夢を描く時期は過ぎさり、毎朝仏壇に線香を上げる日々が続いていた。

そんなある日。

浜辺を歩いていた田辺さんは、前方を行く男性に気付いた。

「幸雄さん？」

思わず声が出た。

少し右に傾く歩き方、見慣れた後姿、着ている服、いずれもが幸雄さん本人だと示している。

田辺さんは、わけの分からない言葉を叫びながら、必死になって追いかけた。

ところがどうしても追いつけない。あと少しなのだが、まるで逃げ水のようにするりと離れてしまう。

何度か繰り返しているうち、田辺さんは砂に足を取られて転んでしまった。

起き上がったとき、幸雄さんは消えていた。

振り返ってみると、砂浜に残されている足跡は自分のものだけであった。

その日を境に、幸雄さんは時折現れるようになった。

砂浜はもちろんだが、港や川口など海に関係する場所なら何処にでも現れた。

その度に追いかける。しかし、やはりどうしても追いつけない。

何とかして追いつける方法はないだろうか。

長尾さんは、田辺さんにそのような相談を受けたのである。

見間違いではないか、気のせいだろう、そう言っても納得しない。

追いついてどうするか訊くと、もう一度顔を見たいだけだという。

いずれにせよ、霊を祓うとか、避けるとかならまだしも、追いつく方法など何を調べても見当たらない。

今では、田辺さんは誰かれ構わずに相談を持ち掛けている。

何かに取り憑かれたように、目を血走らせて話す。

どれほど自分が夫を愛したか、夫が自分を愛したか、だからこそ会いに来てくれたの。

そんなことを、熱を込めて話し続ける。

何人もの人が同じように愛する人を亡くし、それでも前向きに生きようとしている中、田辺さんのそういった姿は酷く嫌がられた。

「だったら背中だけでもいいだろ、贅沢言うなよ」

「死んだってことが分かっただけでもラッキーだ」

そのような陰口を叩く者もいるという。

最近、田辺さんは「死んだら追いつけるかも」と口走るようになった。

長尾さんは一応、馬鹿なことを考えるなとたしなめるそうだ。

# 四つん這い

森川さんの祖母は、今年で八十歳になる。

去年、夫に先立たれてから、ずっと独り暮らしである。

同居の提案を断り、最後の最後まで生まれ故郷を離れないと宣言していた。

祖母想いの森川さんは、時折、泊まりがけで様子を見に行っていた。

六月に入って間もない頃、まとまった休みが取れ、しばらくぶりに会いに行こうと決めた。電話を入れたのだが、生憎と留守であった。

何なら、突然現れて驚かしてもいいぐらいだ。森川さんは鼻歌交じりで出発した。

途中、ドライブインに立ち寄る度に連絡を入れてみたのだが、相変わらずの留守である。

恐らく畑仕事だろうが、少しだけ不安になってきた。

事故や病気の可能性もある。森川さんは車を急がせた。

「ばあちゃん、僕だよ。いる？」

返事がない。家の中を探し回ったが、やはり祖母の姿はなかった。

大丈夫、のんびり畑仕事をしているに違いない。

自分にそう言い聞かせ、森川さんは畑に走った。

「ほら、やっぱり」

思わず言葉になる。

祖母は畑の中で四つん這いになっていた。近づいたが振り向きもしない。

「ばあちゃん、僕だよ。どうしたの、大丈夫？」

祖母は、小さく震えながら何事か呟いている。

「なまんだぶ、なまんだぶ」

お経であった。

何度か呼びかけ、身体を揺すり、祖母はようやく森川さんに気付いた。

動こうとしているが、足が震えてどうにもならないようである。

仕方がないので、森川さんは祖母を背負って帰った。

居間に運び込んでからも、祖母は相変わらず念仏を唱えている。

合間に妙なことを言った。

「爺じ、供養が足らんかったか」

爺じと祖母が呼ぶ相手は、亡くなった夫だけだ。

その供養が足らないとは、いったいどういうことかと訊いても、祖母は答えようとしなかった。

それ以来、祖母は独り暮らしを怖がり、森川さん一家との同居を望んだ。

元より望むところである。大歓迎で迎え入れられた祖母は、しばらくの間、穏やかな日々を過ごしていた。

様子が変わったのは二カ月が経った頃だ。

その日、祖母は朝になっても起きてこなかった。

様子を見にいくと、祖母は布団の上で四つん這いになり、窓を睨みつけていた。

呼びかけても、身体を揺すっても振り向きもしない。

あの日と全く同じ様子である。

ようやく我に返った祖母は、故郷の家に戻ると言い出した。

何と説得しようとも頑として首を縦に振らない。

とにかく一度帰らせるが、それで気が済んだらまた迎えに行くと言い聞かせた。

結果的にその判断は間違いであった。

故郷に戻ってすぐに、祖母は亡くなってしまったのである。

四つん這いの姿勢のままで亡くなっていたため、棺に入れる際に苦労したという。

# 迷い木

島田さんはウォーキングを日課にしていた。

ここ数年、夏の暑さは異常だが、それでも続けていたそうだ。


その日も朝から容赦なく暑い日であった。

島田さんは出張先のホテルで目覚めた。旅先でも、いやむしろ旅先だからこそ歩きに行こうと決めている。

そうまでして歩かなくとも良さそうなものだが、日課が途切れてしまうのが何か惜しい気がしたという。

島田さんは熱射病対策としてペットボトル二本と塩飴を数個持ち、ホテルを出た。

玄関先で準備体操を済ませ、おもむろに歩き出す。

おおよその目的地を決めるため、スマートフォンで地図を開けてみる。

ホテルから川へと向かう、打って付けの道があった。

では早速、と歩き出す。たちまち汗が噴き出してくる。

異常な暑さに辟易しながらも、島田さんは元気よく歩を進めていった。

しばらく歩くと前方に林が見えてきた。

近づいて分かったのだが、林とすら呼べない程度の茂みだ。背の高い木は十数本のみ。

あとは下生えの木立が申し訳程度に生えているだけである。

それでも木陰はありがたい。見ると、座るのに良さげな根を広げた木がある。

島田さんは木立に分け入ると、その木に向かって歩いた。

腰を下ろし、水分を補給。緑を通ってくる風が何とも言えず心地良い。

しばらく休憩し、再び歩き出した。

そして島田さんは迷ってしまったという。

向こう側は見えているのに、そこに辿り着けない。何度試しても同じ場所に戻ってしまう。

何だこれは。こんな馬鹿なことあってたまるか。

そう呟きながら何度も試すのだが、結果は同じである。

あと少しで抜けるはずなのに、次の一歩で腰を下ろした木の前に出る。

汗を流しながら歩き回り、島田さんはくたくたに疲れ果ててしまった。

もう一度座りなおし、冷静になろうと深呼吸する。

「あ、やっぱり。お客さん、大丈夫ですか」

林の外からホテルの従業員が声を掛けてきた。天の助けとはこのことである。

島田さんの元に駆け寄ってきた従業員は、まずは平身低頭で謝った。

フロントにいた新人が他府県から来ていたもので、等と妙なことを言う。

次いで、ポケットからハンカチを取り出し、端を持ってほしいと頼んできた。

「こうしないと二人とも出られないんです」

そう言われてしまっては、逆らうことなどできない。島田さんと従業員はハンカチで繋がって歩き出した。

二分も経たないうちに、あっさりと林を抜け出たという。

従業員が言うには、一人で入ると絶対に出られないのだが、複数で繋がって歩くと何の異常も起こらないそうだ。

時々、事情を知らない他府県の人間が入り込むため、付近の住人が持ち回りで半日に一度ほど覗きにくるらしい。

わけが分からないまま、島田さんは林を振り返った。

その瞬間、思わず悲鳴を上げてしまった。

さっきまで自分が座っていた根の上に人が浮かんでいる。

左側に折れ曲がった首、だらりと垂れ下がった手足。明らかに首を吊っている。

「あの、大変です、あそこに」

慌てて話しかけようとする島田さんを従業員はやんわりと制した。

「いや、分かってます。細かく言わなくて結構です。私、見えないほうなんで知りたくありませんから」

迷惑料か、或いは口止め料かは知らないが、ホテルの宿泊代は半額であった。

# 危うきに近寄らず

小林さんはその日、いつもより早く目覚め、ベランダに出た。
小林さんの自宅はマンションの七階である。
早朝のさわやかな空気を全身で感じながら、町を見下ろすのを日課にしているそうだ。
マンションの真下に交差点がある。早朝にも拘わらず、交通量が多い。
昨日、大きな事故があった辺りは並木が倒れていた。
車とバイクの正面衝突に歩行者も巻き込まれたのである。
悲惨な現場に、何人もの野次馬が嘔吐したと噂されていた。
妻が隣人から聞いたところでは、バイクの男が腰から下を潰されていたそうだ。
その場所には、沢山の花束や煙草、お菓子などが手向けられていた。
人の命の儚さを思いながら、何となく眺めていた小林さんは妙なものを見つけた。
沢山の花束に埋もれる男である。
何をしているのだろうと尚も観察する。男は、何とかして立ち上がろうとしている。
その瞬間、小林さんは気付いた。もぞもぞと動く姿が花束に重なって見えている。

男は、半透明の状態なのだ。

間近で見たら震えあがったかもしれないが、かなり離れた場所にいるという事実が不思議な安心感を招いた。

小林さんは気付かれないよう、細心の注意を払いながら観察を続けた。

それはまるで、テレビの心霊番組を観ているようだったという。

立ち上がれない理由はすぐに分かった。腰から下がないのだ。

それでも男は、立ち上がろうとしては失敗を繰り返している。

そのとき、男の前をジョギング中の女性が通り過ぎようとした。

突然、男は手を伸ばした。女性は気付かずに走り去っていく。

その後も小林さんが見ている間、通りかかる全ての人に対し、男は腕を伸ばしていた。

あまりにも哀れなその姿をそれ以上見ているのが辛くなり、小林さんは部屋に戻った。

起きてきた妻に、ちょっと見てみろと促したが、苦笑されて終わりであった。

とりあえず、あの交差点の花束の近くを通るなと注意する。

朝から悪い冗談だと眉を顰《ひそ》めた妻は、小林さんの真剣な顔に圧されて頷いたという。

捕まえてどうしようというのか想像もできない。だが、君子危うきに近寄らずである。

幸い、その交差点を通らなくても日常生活に不自由はない。

数カ月後。

好奇心に負けた小林さんは、久しぶりに男の様子を観察してみた。

あれだけあった花束は、全く見当たらない。

すっかり路面が露わになった場所に、男はまだいた。

動ける範囲が大きくなっている。

それでもまだ、その場所から離れることはできないようだ。

その様子を見つめていると、一人の女性が通りかかった。男は驚くような速度で近づき、女性の腰に抱きついた。

そしてそのまま、女性に連れていかれたのである。

ああ、ようやくだな。わけの分からない感慨を自分でもおかしいと思いつつ、小林さんは男を見送った。

連れていった女性の身の上が心配ではあったが、見も知らぬ相手に注意すべき言葉が見当たらなかった。

とりあえず、これで安心して交差点の近くを通れるなとしか思えなかったそうだ。

翌日。

男は戻ってきていた。今度は中年男性にしがみついて、その場を離れていった。
そして再び戻ってくる。何度もそれを繰り返している。
小林さんは、男の目的が何なのか知りたくてたまらなくなってきた。
答えの出し方は思いついているそうだ。
知り合いの誰かに取りつかせたら、どうなるか分かるはずである。
今、その為の人材を選んでいるところだという。

# 聖地

平成二十八年、春。

木村家は長年のアパート暮らしを終え、とうとう自分達の家を持つことになった。

柔らかな日差しの下、地鎮祭が始まった。

木村家の一人息子である芳也さんは、誇らしげな父と満足げな母の横で幸せを満喫していたという。

町の中心地から遠く離れているが、その分、自然に囲まれた土地である。

木村家の土地も森の中にあるようなものだ。動物や昆虫が好きな芳也さんにとって、たまらなく魅力的な場所であった。


この辺りを担う神社の神主が祝詞《のりと》を上げ始めた。

しばらくして、芳也さんは母の様子がおかしいのに気付いた。

明らかに気分が悪そうだ。顔を顰《しか》め、今にも吐きそうである。

父は神主の後方に移動していたため、見えていないようだ。

芳也さんは、そっと母を支えながら具合を訊ねた。

「何だか急に胸が苦しくて。頭もぼんやりするし、風邪でも引いたのかしら」

祝詞が終わり、振り向いた父は驚いて戻ってきた。

皆が心配する中、神主が事もなげに言った。

「土地の御霊様が挨拶したんでしょうな。感受性の強い方だと、たまにあるんですよ」

このとき、芳也さんはこう思ったそうだ。

（地鎮祭だろ？　地を鎮めたのなら、体調が悪くなるっておかしくないか。）

無論、上機嫌な父に対して言う内容ではない。言わずにおいて正解であった。

母は帰りの車中で、あっさりと元気を取り戻したのである。


月日は流れ、いよいよ新居に引っ越した当日のことである。

荷物を解いていた母が、体調不良を訴えた。地鎮祭のときと同じ症状である。

またすぐに回復するだろうと母自身も口にしていたのだが、時間が経つに連れ、症状は悪化していった。

結局、救急車を呼ぶ事態となった。

幸い、搬送中に様態は回復したのだが、念のためにその日は入院することになった。

父は、疲れが溜まっていたのだろうという医師の言葉を信じて家に戻った。

だが、芳也さんはあのときの神主の言葉を思い出していたという。

もしかしたら、この土地のせいではないか。

その証拠に、ここから離れたらすぐに回復するではないか。

考えれば考えるほど、土地の御霊とやらのせいとしか思えない。

芳也さんは、密かに周辺の歴史を調べ始めた。図書館に行き、ネットで検索したのだが、これといった情報は見つからない。

この辺り一帯の古い地図を見つけたが、延々と森のままだ。急速に開発が進んだのは、ここ数年のことであった。

次にどうするか模索する中、母は本格的に入院せざるを得なくなってきた。

責任感の強い母は、度重なる体調不良と入退院の繰り返しを自らの責任と思い込み、それまでとは違う症状を見せ始めた。

その結果、内科病棟から精神内科病棟に移されてしまったのである。

更に木村家の敷地では新たな事態が発生した。

庭に大量の蛇が現れるのだ。周辺の森からやってくるらしく、途切れることがない。

しかもその蛇の群れは、木村家に辿り着いた途端、死んでしまう。

それも、ぐるぐると捻じれて死ぬ。死んだ蛇をまとめて森に捨てるのが、芳也さんの日課になってしまった。

ここは絶対に何かある。そうとしか思えない。

芳也さんは懸命に訴えたのだが、父は笑うだけで真面目に聞こうともしない。

終いには、いい加減にしろと怒鳴りつける始末であった。

何一つ良い手が浮かばないまま、時間だけが過ぎていく。

そうこうしているうちに、木村家の敷地に新たな生物が押し寄せてきた。

蟻、ムカデ、蛾、クモ、名前すら分からない昆虫、それら全てが干からびて死んでいる。

家の中にも異変が起こり始めた。

神棚が真っ二つに割れ、仏壇はいつの間にかカビだらけになっていた。

飾ってある写真が黒く焦げたようになっている。それも、女性の写真だけだ。

塩は湿気を帯びて異様な臭いを放ち、全ての窓にヒビが入る。

どう考えてもおかしいのだが、必死になっているのは芳也さんだけである。

父は異変を無視して、日常生活を営んでいる。

仲の良い夫婦として評判なのに、母の見舞いにすら行かない。

僅かの間に木村家は着実に壊れていった。

思いあまった芳也さんは、友人や知人を頼って、解決に役立ちそうな人物を探し回った。

だが、所詮は高校生である。

徳の高い僧に会えるわけもなく、有名な霊能力者を雇う金もない。

それでも一度だけ、友人の知り合いの女性が家を見に来てくれたそうだ。

ある程度のものは分かると言っていたのだが、結局、その女性は敷地に近づくことすらできなかった。

「人間がどうにかできる存在じゃない」

それだけを言い残して、走って逃げ出したという。

打つ手がなくなった芳也さんは、地鎮祭をやった神主を訪ねた。

現状を説明し、女性が言った【人間ではどうにもならない存在】のことを告げる。

だが、神主は声を荒らげ、「営業妨害だ、警察に通報する」とまで言い放ったらしい。

今、芳也さんは母とともに、以前暮らしていたアパートに戻っている。費用は母方の叔父に借りたそうだ。

父は何も言わず、引き留めもしなかった。

母は、日がな一日、惚けたようにぼんやりと空を見て過ごす。

父は家から離れようとしない。

家の外壁はびっしりとツタで覆われ、相変わらず蛇や虫の死骸が絶えない。

不思議とカラスだけが死なずに屋根に止まる。

一度、何処で聞き込んだか、地方のテレビ局が取材を申し込んできたことがある。

もしかしたらこれで何か進展するかもしれない。そんな期待を抱いたのだが、取材予定日の二日前にキャンセルされたという。

芳也さんは全て諦めてしまった。

立ち向かう手段などないのかもしれない。

# 戻ってきた神主

城田さんが暮らす村には二つの神社がある。
五十世帯程度の村には珍しいことだが、一つは既に廃れてしまっている。
廃れた神社のほうが立派だという。小さな村には似つかわしくない厳かな建物である。
この神社は、上松という男が私財を投じて作り上げたものであった。
建設会社を営む上松は、この村出身であり、恩返しの為に神社を建てたのだという。
村に神社がなかったわけではない。
以前に、それらしき代物はあった。
なければ不便なため、器だけは整えたのである。
当然、常駐の神主はおらず、御神体もない。
何か行事がある度に、町の神社から出向してもらう方式を採るしかなかった。
村にいた頃の上松は、いつか俺が神社を建ててやると宣言していた。
その宣言を見事に果たしたわけだ。
しかも驚くべきことに、上松は神主までやると言い出した。

その為の勉学を勤め、修行を果たしてきたという。

試しにこの場を言祝《ことほ》いでみせよう。

そう言って上松は見事に祝詞を上げてみせた。

聞いていた村人達が、思わず頭を下げてしまったぐらいである。

上松に提供する土地は村の公用地が選ばれた。

だが、神社と神主が無料で手に入る滅多にない機会に、反対する者はいなかった。

そこからの上松の仕事は速かった。

神主の実演をした翌週には工事に取り掛かり、建設会社の作業員が大量に村にやってきた。

特に上松が拘《こだわ》ったのが鳥居である。

鳥居は天空から降りてくる神様の目印であり、真っ先に降り立つ場所なのだと上松は熱弁を振るった。

自らが鳥居の土台を掘り、支柱まで建てたらしい。

こうして神社は見事に完成し、上松神社と名付けられた。

上松は建設会社の社長だけではなく、神主としても非常に優秀であった。

安楽死に御利益があるという噂を流したのである。

当神社に詣でれば、健康に長生きできてコロリと死ねる。

驚いたことに、その言葉通り安らかに亡くなる人が続出した。

噂は噂を呼び、神社を訪れる老人達が増えていった。

田畑以外、何もない田舎道を進むと見えてくる見事な鳥居は、老人達に感動を与えたようである。

誰もが深々と頭を下げて通り抜けたという。

ここに来てようやく村人達は気付いた。

上松は、村の為などではなく、自らの利益の為に神社を建てたのだ。

ただで土地を手に入れ、建築費用はそろそろ元が取れているはずだ。

だが、今更どうしようもない。

田舎の暮らしに神仏は欠かせないのである。

こうして上松は村の守り神となった。

しかしながら、どれほど知恵が働き、金があろうとも人には寿命がある。

それほど崇め奉られた上松は、あっさりと病死してしまったのである。

跡継ぎはなく、代わりの神主は見つからず、上松神社はあっという間に寂れていった。

誰も詣でなくなった神社は廃屋と化し、訪れる人々を感動させた鳥居は色褪せてしまった。

本来の姿が印象深かっただけに、何とも言えない寂しさがある。

それだけなら放置しておいたところで問題はない。

だが、村人達を悩ませる問題が浮かび上がってきた。

神社跡が自殺の名所になってしまったのである。

理由は明解である。

コロリと死ねる神社なら、自殺しても楽に死ねるだろうというのだ。

花に引き寄せられる虫のように、老若男女を問わず自殺志願者が次々に現れ、事もあろうに鳥居に縄を掛けて首を吊ったという。


これではいけないと村人達は立ち上がった。

上松神社を解体し、新しい神社を建てようと地道な活動を続けたのである。

先頭に立ったのが城田さんである。

市役所への日参を皮切りに、地方議員への働きかけや募金活動を続けた結果、どうにか目処が立った。

ただ、どうしても新しい神主は見つかりそうもない。

当面は、以前の方式で運営するしかない。

とりあえず、鳥居を撤去するのが先決である。

神様が降りるような場所ではなく、今では単なる巨大な死刑台となっている。


工事初日。

鳥居の解体が始まった。

クレーン車で吊り上げながら、慎重に壊していく。

柱は少しずつ切断していく手筈だったのだが、ここに来て工事は止まった。

鳥居の柱から、とんでもない物が出てきたのである。

柱は中空になっていた。

その中から、明らかに人のものと思われる骨が出てきたのだ。

城田さん達は判断に迷ったが、最終的に工事を中止し、上松神社をそのままの形で放置することに決めた。

警察にすら届けず、密かに元に戻したのだという。

風評被害を恐れたのである。

静かな村に戻りたいというそれだけの理由である。

それは何よりも大切な理由であった。

新しい神社が出来上がった当日、町の神社から神主が呼ばれた。

魂入れの儀式である。

御神体として選ばれた鏡に向かい、一礼しようとした神主は、物も言わずに仰け反った。

震えながら鏡を指さしている。何事かと近寄った村人達の視線が鏡に向かった。

鏡に誰か映っている。

その場にいる全員がよく知っている顔だ。

上松であった。何とも楽しげに笑っている。

上松は散々笑い、唐突に消えた。


不浄な場所に神を招き入れることはできないと言い残し、神主は逃げ帰った。

新しい神社を上松は気に入ったらしく、何をどうやっても離れようとしない。

それに伴い、自殺志願者が頻繁に訪れるようになった。

皮肉なことに、以前の上松神社には誰ひとり来なくなったという。

三つ目の神社を建てようかという意見もあるにはあったが、村の財政状況を考えると到底不可能とのことだ。

# 宗教戦争

内藤さんが暮らす町内に教会がある。

それほど大きい建物ではない。

三階建ての家屋の一階部分が喫茶店、二階が教会、三階は託児所になっている。

喫茶店も託児所も、運営しているのは教会である。

どうやら新興宗教らしく、神父の姿をした初老の男が教祖と呼ばれ、崇められていた。

カソリックでもプロテスタントでもないとのことだが、とりあえず、屋根の上に十字架は立っている。

この町内に内藤さんが引っ越してきたのは十二年前。

建物自体は既にあったが、二階は蕎麦屋だった。

教祖が建物を丸ごと買い取ったのは七年前だ。

最近になり、この建物が改修工事を始めた。

全体を足場で囲み、作業員が日に何人も入る大がかりな工事である。

廃棄物置き場と仮設トイレが必要になり、通りを挟んだ真向かいにある空き地に設置された。

その場所が大問題であった。

空き地の隣に社があるのだ。社の前には、狐の像が二体向かい合っている。

いわゆるお稲荷様である。小さいながら風格のある佇まいだ。

維持と管理を受け持つのは町内会だが、トイレが置かれた空き地は市の所有であった。

届け出さえすれば誰でも使用できる。

とはいえ、あまりにも礼を失した行いである。

毎朝、お稲荷様の掃除をしている有志一同が抗議に行ったのだが、教祖はまるで取り合おうとしない。

市には借用料を支払っており、何ら問題はないと正論を返され、引き上げるしかなかった。

お稲荷様相手に、これほど傍若無人な行いをしたからには、いずれ必ず天罰が当たるに違いない。皆は顔を合わせる度に、そう囁《ささや》き合ったという。

果たして、神様相手に天罰が下るのだろうか。

そんな疑問を抱く者は一人もいなかった。

ところが、当然といえば当然なのだが、何一つ起こらない。

事故どころか好天に恵まれ、工事は順調に進んでいった。

完成した教会は純白に仕上がり、金色に塗り替えられた十字架は、それこそ神々しいまでに光り輝いている。

他人の不幸を望むわけではないが、何となく納得できない。

苛立ちを露骨に顔に出す町民達に見せつけるように、教会は無事に再開した。

翌日。

一階の喫茶店で事故が起きた。マスターが重度の火傷で救急搬送されてしまったのだ。

居合わせた客の話によると、突然、自分の顔に焼けたフライパンを押し当てたという。

その日の午後、教会の前に救急車が再び停まった。

野次馬が見守る中、運び出されてきたのは託児所に　預けられている子供であった。

顔色が紙のように真っ白で、口から粘っこい涎を垂らしている。

外傷らしきものは見当たらなかったが、救急隊員の慌ただしさが重症を物語っていた。

それ以降、何らかの形で教会に関係する者には、見境なしに事故や急病が降りかかってきた。

老若男女の区別などない。手当たり次第と言っても過言ではなかった。

そのいずれもが重大な事故である。

町内でも幾つかの家族が三階の託児所に子供を預けていたのだが、全員が行かなくなった。

最も顕著に表われた不幸は、信者の激減である。中には教祖を怒鳴りつける者もいた。

町内中に響き渡る声で、この役立たず、能なし、娘を返せと罵っていたそうだ。

結果的に、折角真新しくした建物を訪れる者はいなくなった。

事故に遭った被害者から請求された慰謝料は、財産を投げ売っても全く足りない。

ここまで追い詰められて、ようやく教祖はお稲荷様に気付いたらしい。

或いは気付いていたが、認めたくなかったか――。

いずれにせよ、このままではいけないと思ったのだろう。

朝から雪がちらつく中、教祖は早朝から真夜中に至るまで土下座し続けたのである。

それでもお稲荷様は許さなかった。

二週間後の朝、屋根の上の十字架に縄を掛け、教祖は首を吊った。


今現在、教会があった建物は廃墟と化している。

お稲荷様は前にも増して掃除が行き届き、塵一つ落ちていない。

世話をする者は皆、必死だという。

ここまでの力を持つお稲荷様とは思ってもいなかったらしい。

# 増加する部屋

社会人二年目の春、森本さんは親元から独立した。

金銭的負担を親に掛けないと決めていたため、二年掛けて資金を貯めていたのだという。

新居は会社から電車で五駅の場所にある。

賑やかな駅前を離れて十分ほど歩くと、豊かな緑に覆われた公園が見えてくる。

森本さんのマンションは、その公園のすぐ側にあった。

築年数が五年に満たない1LDK、しかも四階の角部屋だが、世間の相場より二割ほど安い。

物件を紹介してくれた管理会社曰く、多少安くても全室埋めておいたほうが、オーナーとしてはありがたいのだそうだ。

何か出るのではと脅かす友人もいたが、森本さんの部屋には、そのような気配すらなかった。

ただ、一つだけ気になることがあった。

マンションは一階が五部屋、二階から四階が六部屋ずつの四階建てだ。

その一階右奥の角部屋が、些《いささ》か妙なのである。

窓が全てベニヤ板で塞がれているのだ。

ベランダ側はもちろんのこと、出窓も形に合わせて丸ごと塞がれている。

それどころか、御丁寧にも換気扇まで板が貼り付けてあった。

要するに、光も風も一切シャットアウトしているわけだ。

見た目も悪いし、防火の面からもよろしくない。

いったい、何のために封鎖しているのか。

一度、気になりだすと、怖い妄想が次々に湧いてくる。

管理会社に訊けば話は早いのだが、その機会はなかなか訪れなかった。


何日か経ち、朝のゴミ出しでよく顔を合わせる住人と会話を交わせるまでになった。

伊藤と名乗るその女性は、森本さんの部屋の真下の住人であった。

森本さんよりも五歳年上で、建築関連の会社に勤めているという。

森本さんは、さりげなくベニヤ板の部屋のことを持ち出してみた。

「ああ、あの部屋。ちょっと前に工事してたわよ。言われてみれば気になるわね。いいわ、この辺りを担当してる建築屋に訊いてみてあげる」

これでどうにか気持ちが落ち着きそうだ。

森本さんは、伊藤さんからの返事を心待ちに過ごした。

数日後。

いつものようにゴミを出しに行くと、丁度伊藤さんが降りてきたところであった。

「おはようございます。伊藤さん、どうでしたか？」

いつも朗らかな伊藤さんは、珍しく表情を曇らせている。

「どうかしたんですか、伊藤さん」

伊藤さんは深く溜め息を吐き、諦めたように話し出した。

囁くように小さな声だ。

詳しくは言えないがと前置きし、伊藤さんは簡潔に教えてくれた。

あの部屋に入居した人が、連続して死んだのだという。病死、事故死、中には昔の恋人に殺された者もいるらしい。

暮らし始めて半年経たぬ間に、様々な死が形を変えてやってくるのである。

このマンションは新築だし、きちんと地鎮祭もやっている。

オーナーも誰かに恨まれるような人間ではない。だから祟りとか呪い等とは無縁のはずだ。

管理会社もオーナーも、当初はそうやって乗り切ろうとしたらしいが、結局は封印することに決まったそうだ。

ただし、ベニヤ板以外の材料が使われない理由までは分からなかった。

「何かヤバいから調べるの止めるわ。悪いこと言わないから、あんたもこれ以上詮索しないほうがいいよ。とりあえず変なのは、あの部屋だけ。全部の部屋がそうなら逃げるけどさ」

言われるまでもない。そのような過去を持つ部屋があるのは怖くてたまらないが、伊藤さんが言う通り、こちらに被害がなければそれでいい。

正直、引っ越したい気持ちはある。けれど、その為の資金がない。

森本さんは、できるだけあの部屋を視界に入れないように暮らそうと努力した。


伊藤さんから事情を聞いた日から、二週間が経った。

その日、森本さんは残業で遅くなり、会社からタクシーに乗った。

マンションの名を告げると、運転手は一瞬、動きを止めた。

この人は何か知っているに違いないと直感した森本さんは、思い切って話しかけた。

「運転手さん。あのマンションって、何かあったんですか。角部屋がベニヤ板で封印されてるでしょ。友達に聞いたけど、新築で地鎮祭もきちんとやったって言うし。それなのにあの部屋に入ると自殺するって。何か御存知ないですか」

けれど、どう頼んでも運転手は頑として話そうとしない。

黙り込んだまま、マンションの近くに車を止めた。

「すいません、ちょっと車の調子が良くないみたいでして。ここで降りていただいてもよろしいですか」

嘘に決まっているのだが、ここから歩いてもたかが知れている。

森本さんは逆らわずに料金を支払った。ドアを閉めるとき、運転手は独り言のように呟いた。

「地鎮祭ぐらいじゃどうにもなりません。ベニヤ板部屋、もしも増えたら一刻も早く逃げたほうがいいですよ」

それだけ言い残し、運転手は急発進した。

夜道に残された森本さんは、ためらいながら歩き出した。マンションが見えてくる。

足が止まった。

ベニヤ板部屋が二つに増えていたのだ。

いつもの部屋と、その真上の部屋が封印されている。

どんな人が住んでいたか見当も付かない。ポストには男性の名前が貼ってあった。

さっき聞いたばかりの運転手の言葉が脳内で再生された。

〈ベニヤ板部屋、もしも増えたら一刻も早く逃げたほうがいいですよ〉

わけの分からない不安に押し潰されそうになった森本さんは、まんじりともせず夜を明かし、当面必要な荷物をまとめて部屋を出た。

しばらくは親元で暮らすつもりであった。

幸いにも、何とか通える範囲である。森本さんは、結局二週間を親元で過ごした。

このまま無駄に家賃を支払い続けるのも馬鹿らしい。森本さんは、一旦、部屋を解約する為に管理会社に出向いた。

担当者は事務的に処理しただけで、理由すら訊こうとしない。

森本さんは管理会社から出た直後、引っ越し業者に連絡した。片付けから積み込みまで丸ごと頼む。

一日でも早く、あのマンションと無縁の存在になりたかった。


翌日。

業者との待ち合わせに間に合うように、森本さんは家を出た。

駅を出て、二週間ぶりにマンションへの道を歩く。

午前中とはいえ、やはり少し怖い。俯いたままマンションの敷地に入り、思い切って顔を上げた。

森本さんは、思わず口を押さえた。

ベニヤ板の部屋は三つに増えていた。森本さんの部屋の真下だ。つまり、伊藤さんの部屋である。

震える足で伊藤さんの部屋に向かう。エレベーターホールを抜け、通路に出る。

伊藤さんの部屋は既にベニヤ板で封印されてあった。

恐る恐る近づいてみると、何処からか線香の匂いが漂ってきたという。

到着した引っ越し業者は、ベニヤ板の部屋を見て首を傾げて言った。

「ここもか」

「あの、ここもかってどういう意味ですか」

「あ、来るまでに何軒か見かけたんですよ。一戸建てもマンションも両方あったなぁ。あんな感じにベニヤ板貼り付けてました」

積み込みを終えたトラックを見送る森本さんの背後で妙な音がした。

恐る恐る振り返ると、一番下の部屋のベニヤ板がひとりでに剥がれようとしている。

森本さんは遠慮なく悲鳴を上げ、全力で走って逃げたという。

# 時限爆弾

武藤さんは様々な職を転々としてきた。

営業、販売、サービス、製造と何でもこなしてきたが、二度とやりたくない仕事が一つだけあるという。

どれも皆、厳しい面を抱えている仕事だと思われるのだが、やりたくない仕事とは意外にもマンションの管理人である。

「あれだけは二度とやらん」

武藤さんはそう言って口をへの字に結ぶ。それぐらい嫌な思い出があるらしい。


それは武藤さんが四十代の頃。

全国的に建築ラッシュが巻き起こっていた当時の話である。

武藤さんが管理を任された物件は、駅前に新築された総戸数七十戸のマンションであった。

七時から十九時までの日勤だけ、週に一度は休みが取れる。加えてオートロックだから不審者対応も殆どない。

管理人という名目だが、警備業務や設備関連の全てを請け負う。

更に出入り管理や駐輪場の整理、外周の清掃など業務は多岐に及ぶ。

雑務が多く、忙しいがそれは苦痛ではない。

武藤さん以外にも予備の管理人は二人いるが、全員一致で一番嫌な仕事は入居者の苦情対応である。

管理人室の受付には、御意見箱というものが置かれている。

苦情は直接言われるより、この御意見箱に投書されるほうが遙かに多かった。

廊下の電灯が切れている、水が出ない、子供がうるさい、鳩の糞が酷い等々、ありとあらゆる苦情が押し寄せてくる。

面と向かってだと言えないことも、匿名だと思う存分吐き出せる。中には、ストレス解消と思われる罵詈雑言もある。

そのような内容でも、きっちり目を通している証拠として返事を貼り出さなくてはならない。

それは心を削っていく作業である。毎日がその繰り返しであり、穏やかに過ごせる日は稀であった。

それでも、続けていくうちに要領が分かってくる。心の壁も分厚くなっていく。

入居者自身も、即応できることと日数が掛かることの区別が付くようになる。

半年が過ぎ、ようやく業務に余裕が生まれてきた。

そのままであれば、武藤さんも辞めることはなかったかもしれない。

秋風が吹き始める頃、苦情箱に奇妙な投書が寄せられた。

それには、こう記されてあった。


**何か分からないけど、マンションの空気が重い。気持ちが悪くて仕方ない。何とかしろ。**


さあ、これをどうしろと言うのだ。

武藤さんは投書を放り投げ、頭を抱えた。

そもそも、空気が重いとはどういうことなのか。雰囲気が悪いという意味か、室内の換気に不備があるという意味か。

前者なら管理人にはどうしようもない。後者なら直ちに業者を手配しなければならない。

武藤さんは考えに考えた挙げ句、『大変申し訳ございませんが、もう少々具体的にお願い致します』と記し、貼っておいた。

この対応は不味かった。同じことを考えている人がいたと安心したのか、妙な投書が続々とやってくるようになったのだ。

・私もそう思う。このマンション、変。最近凄く疲れる。
・部屋に変な影があるって子供が泣いて寝ない。怖いから何とかしてください。
・飼っている金魚が全滅した。きちんと世話してたのに。
・おばあちゃんが朝から晩までお経を上げるようになった。いらいらする。しんどい。
・エレベーターに一人で乗ってるはずなのに、そばに誰かいる。お化けだと思う。退治してほしい。

全て管理人が取り扱える仕事ではない。というか、仕事ですらない。

病院か、身の上相談にでも行くべき案件ばかりだ。

それでも放置しておくことはできない。武藤さんは管理会社に現状を訴えることにした。

電話に出た担当者は絶句した後、「まぁ、適当に相手しといてくださいよ」とだけ言った。

要するに現場に丸投げしたわけである。

適当に相手をしようにも、何がどうなっているのか分からない状態では手の打ちようがない。

武藤さんは、月に一度行われる住民相談会を待つことにした。

話はそれからである。

通常なら、住民相談会は多くても十戸程度の出席しかない。退屈な会議なのだ。

その内容も、大抵は即応できるものばかりだ。始まって数分で終わることも珍しくない。

だが、今回は殆どの住人が出席していた。意気込みも違っている。

武藤さんの開始の辞と同時に、何人かの手が挙がった。

「三階の丸橋です。あの、家族全員が疲れてしまうようがないんです。こんなこと相談会で言うようなことじゃないとは思うんですが」

いつも朗らかに笑っている丸橋さんである。言われてみれば、疲れが色濃く出ている。

次に立った住民も、その次の住民も、原因不明の疲労感で悩んでいた。

さすがに、お化けがどうこうを発言する者はなかったが、何か雰囲気が変だという意見には同意する者が多かった。

何がどうおかしいか具体的に言える者は一人もいなかったが、出席した全員が異状を訴えたのである。

武藤さんが真っ先に疑ったのが、壁紙や建材である。使用された材質が原因で、体調不良を起こしたのでは。

だが、それだけでは解決できない苦情も多い。投書にあった一日中お経を上げる原因が壁紙とは考えにくい。

それでもとりあえずは動く切っ掛けができた。

まずは動くこと、そのあとは動きながら考えるというのが武藤さんのやり方であった。

住人の話を総合すると、雰囲気が極端に悪くなるのは夜である。

日勤だけでは何も掴めそうにない。武藤さんは管理会社に夜勤を申請した。

担当者も気にしていたらしく、すぐに承認が下りた。

普段、仕事を終えるのは十九時である。多少の残業があっても、二十時を越えることはない。

今回は二十時からスタートである。

見回る時間は二十二時から一時間おきと決め、まずは腹ごしらえに取り掛かる。

準備をしている最中、武藤さんは気付いた。部屋の空気が淀んでいる。昼間とはまるで違う雰囲気がする。

感覚的なこととしか言えないが、粘っこい感じがしてならない。

皆が言っているのはこれか。

武藤さんは確かめるように両手を挙げた。やはり重い。表現しにくい重さだ。だるいと言っても良いかもしれない。

お気に入りのカップ麺がやたらと不味く感じる。武藤さんはカップ麺を途中で放棄し、巡回に出た。

経路としては最上階に上がり、階段を使って降りてくることになっている。

エレベーターに乗った途端、突き刺すような視線を感じた。すぐ隣から凝視されているような明確な視線だ。

無論、箱の中は武藤さん一人である。

武藤さんは深呼吸を繰り返し、エレベーターが最上階に到着するのを待った。

降りた途端、視線は消えた。

ほっと胸を撫で下ろしながら共用通路を進んでいく。下の階と違い、空気の重さはそれほど感じられない。

その代わり、何か白いものが頻繁に視野を横切る。素早い動きなので正体は掴めない。

足元にまとわりついた一瞬、動きが止まり、それが何なのか分かった。

赤ん坊であった。白い産着で身を包んでいる。

武藤さんは、そのような類のものを見たのは初めてだったという。

立ちすくむ武藤さんから離れ、赤ん坊は近くにあった扉をすり抜けて部屋に入っていった。

途端に子供の泣き声が聞こえてきた。

「おばけが来た、おかあさん、おばけだよ」

そう言いながら大声で泣いている。子供が泣く原因がこれで分かった。

あれがマンションの住人を悩ませているに違いない。

これ以上見回る必要はないと判断した武藤さんは、踵《きびす》を返して管理人室に戻ろうとした。

エレベーターを待つ間、先程感じた視線を思い出す。

何となくエレベーターに乗る気になれず、武藤さんは階段を使って降りることにした。

子供はまだ泣いている。殆ど絶叫に近い。赤ん坊はしつこく飛び回っているようだ。

武藤さんは小走りで階段を降り始めた。降りながら、何かが心に引っかかっているのを感じた。

エレベーターの鋭い視線と、飛び回る赤ん坊がどうしても結びつかない。

もしかしたら、別のものではないだろうか。そんなことを考えながら、下の階に着いた。

途端に空気が変わった。

この階にも何かがいると直感できる変わりようであった。雰囲気などという曖昧なものではない。明らかな存在が感じられる。

しかも先程の赤ん坊のように、ただ飛び回るようなものでもない。

もっときちんとした悪意に満ちている。まさかとは思うが、それぞれの階によって違う何かがいるのでは。

武藤さんのその予想は、もうひとつ下の階で確信に変わった。

その階は悲鳴で満ちていたのだ。

助けてくれ、成仏させてくれ、苦しい、その三つを延々と繰り返している。

間違いない。全ての階に異なる怪異が発生している。武藤さんはそれ以上の巡回を止め、管理室に逃げ帰った。

現象は確認できた。だが、解決方法は全く見えてこない。

どうしてこんなことになったのか、想像も付かない。

ここは建ってまだ半年のマンションなのだ。誰かが自殺したなんてことは一度もない。

それどころか、入居者から葬式が出たことすらない。

もちろん、この土地に因縁があるなら話は別だが、さすがにそこまでは分からない。

いずれにせよ、これは自分のような素人が何とかできる事柄ではない。

それが武藤さんが出した結論であった。これで終わっても、責める人はいないはずだ。

そう自分に言い聞かせ、武藤さんは管理人室を出た。

管理人室には畳が敷いてあり、横になるには十分なのだが、武藤さんは自分の車で寝るほうを選んだのである。

玄関に向かおうとした途端、頭上の蛍光灯が突然、点滅した。

小さく舌打ちし、武藤さんは管理人室に戻った。予備の蛍光灯が何本か置いてあるのだ。

それを抱えて戻ったとき、蛍光灯はチラつきを止めた。

その代わり、十メートルほど先の蛍光灯が点滅している。

近づくと直り、更に先の蛍光灯がチラつく。

それはまるで道案内でもしているように見えたという。

武藤さんが近づくにつれ、次々に蛍光灯が点滅していく。

最終的にそれは、地下へ通じる階段に至った。

蛍光灯は誘うように点滅を繰り返す。武藤さんは、恐る恐る中を覗き込んでみた。

降り口付近の蛍光灯は点滅を止め、今度は踊り場の蛍光灯が点滅を始めた。

間違いない。誘っている。

たっぷり五分迷ってから、武藤さんは地下へ通じる階段を下りていった。

地下室の扉の上にある蛍光灯が点滅している。

扉を開けると、そこは住人専用のロッカールームだ。大型のロッカーがずらりと並んでいる。

決まった料金を払えば、幾つでも借りられるシステムだ。必要ない人もいれば、二つ以上借りる人も多かった。

そのうちの一つの真上で蛍光灯が点滅している。

ゴールはここだよとでも言うように、ゆっくりと点滅を繰り返している。

武藤さんは近づいて名前を確認した。臼井哲雄。全ての住人の名前は把握しているのだが、その名前を思い出すのに時間が掛かった。

確か、入居して僅か一週間で退去した人だ。経営していた会社が倒産し、全ての財産を手放すしかなかったらしい。

その後、臼井は一家心中した。マンション内で死なれたら大変だったなと安心したことも、武藤さんは思い出した。

何故、今でも借りられているのかは想像できた。前もって半年分のレンタル料を払いこんでいたのだろう。

開けるべきか。このまま立ち去るべきか。

管理人の職務に忠実なら前者だ。武藤さんは震える手で扉に手を掛け、引っ張ってみた。

当然ではあるが、鍵が掛かっている。マスターキーは管理人室に保管してあるはずだ。鍵を持って再びロッカーの前に立った瞬間、蛍光灯は点滅を止めた。おかげですんなりと鍵を差し込める。半年間放置していたせいか、少なからず手間取ったが何とか解錠できた。

何が入っているにせよ、それが一連の現象の原因と思えて仕方ない。むしろ、そうであってほしいと願いながら、武藤さんは静かに扉を開けた。

生臭い匂いが辺りに満ちる。ロッカーの中にいたのは一匹の蛇であった。全長一メートルぐらいの大きな蛇だ。それと、蛇の排泄物らしきものだけがロッカーの中身であった。

蛇は、たじろぐ武藤さんの前を悠々とすり抜け、地下室の奥へと進んでいく。慌てて後を追いかけたが、見失ってしまった。

マスターキーは管理人以外使えない。あの蛇は半年間、このロッカーに閉じ込められていたわけだ。

何か食べていたのは確かである。

とにかく管理人室に戻ろうと地下室から出た途端、自分が何をしてしまったか分かったという。

空気が激変していたのだ。

雰囲気が悪いなどというものではない。息をする度、身体の中に生臭い何かが入り込んでくるのが分かる。

その生臭さは、ついさっき嗅いだばかりであった。


翌日、マンションは初めての葬儀を経験した。

それから毎日のように葬儀は続いた。

武藤さんは、それを見るのが嫌になり、早々に辞表を提出したという。

今思えば、ロッカーを開ける流れに乗ってしまった気がする。

飛び回る赤ん坊もエレベーターの視線も、全てがあの蛇に吸い寄せられてきたのでは。

そう言って武藤さんは悔しがった。

今でもそのマンションはある。分譲から賃貸に変わったが、なかなか借り手が付かないらしい。

# 開けるな危険

大島さんの仕事は解体工事業だ。

勤め始めて十二年というから、ベテランの域に達している。

これは昨年の話である。


その日は調査に当てていた。今回の物件は、築三十年の木造二階建ての個人宅。

年老いた女性が独りで暮らしていたのだが、夏を迎える前に亡くなったらしい。

依頼者は遠方に住む親戚であった。駐車場にする計画だという。それが可能なぐらい庭が広いそうだ。

下請けである大島さんには、それ以上の詳しい事情は与えられない。知る必要もない。

知るべきはおおよその坪数と建物の概要、それと周辺環境である。時折あることだが、今回は図面が用意されていない。大島さんは部下の奥田と中川を伴い、とりあえず現場に向かった。

到着後、真っ先に行うのは周辺の調査である。

解体に伴って発生する土埃や騒音などが、苦情の原因になるからだ。

こればかりは、図面のあるなしに拘わらず、実際に現地に行かなければ分からない。

到着早々、中川に外周点検を任せ、大島さんは奥田を連れて家の中に入った。

まずは建材を確認していく。アスベストやＰＣＢなど、健康被害を及ぼすような材であれば、手間が一つ多くなってしまう。

同時に、放置された家具などのチェックも欠かせない。

廃棄物処理法に則って適正に扱わなければ、結局のところ損をしてしまうからだ。

荒れた室内を覚悟して入ったのだが、拍子抜けするぐらい整理整頓されている。

己の死を間近に感じ、できる限り迷惑を掛けずに逝こうとしていたのかもしれない。

そんな風に想像を働かせながら、大島さんは各部屋を回った。

要所要所をメモに控え、作業工程を考えながら進んでいく。

だが、その必要もないぐらいに、どの部屋も必要最低限の家具しかない。

これならば重機を使って一気に崩していけるため、工期も短縮できる。

何ともありがたい物件である。作業は順調に進み、次は二階である。

二階は廊下を挟んでそれぞれ一部屋ずつだ。ここも、他の部屋と同じように整頓されていた。いよいよ楽勝だなと笑みを浮かべ、大島さんは一階に下りた。

時を同じくして、外周点検を終えた中川が戻ってきた。
何やら妙な顔つきである。
「すんません、大島さん。ちょっといいすか」
裏庭におかしな物置があるという。
説明するより見てもらったほうが早いからと、中川は先頭に立って歩き出した。
主が亡くなり、手入れされなくなった庭は、背の高い雑草に埋め尽くされている。
青臭さにむせかえりながら進んだ先に、中川の言うおかしな物置があった。
物置というより、一般にはコンテナハウスと呼ばれるものである。
貨物用のコンテナを改造して、部屋にしたものだ。
外観から判断するに、広さは五畳ぐらいであろうか。後付けのドアと窓もある。
が、そのどちらもが封印されていた。
ドアは上下左右を太い釘で打ち付けられている。
そればかりか、得体の知れない文字が書かれたお札で幾重にも封印されてある。
ドアノブ自体も取り除かれており、誰がどう足掻いても開けられない。
窓は内側から板で塞がれており、内部を確認できない。
完璧な開かずの間となっていた。このような状況は初めてである。

とにかく中身を確認しないことには作業が進められない。

大切な物を保管しているかもしれないからだ。

悩んだ末、大島さんは元請けの担当者に連絡を取った。

担当者はしばらく絶句し、歯切れの悪い口調で呟くように言った。

「それはしかし、そのままにしてもアレだし、現場の判断に任せますよ」

当たり障りのない模範的回答である。

これでは埒が明かないと判断した大島さんは、ドアか窓を壊す許可を得てもらうよう頼んだ。

きっかり十分後、担当者から連絡が入った。

「依頼主様が仰るには、構わないからドアでも窓でも壊してくれってことでして」

先程の元気のなさが嘘のように弾んだ声だ。

「壊すのは構わないが、ありゃ、いったい何なんだ」

「うちもそれを訊いたんですけどね、知らなくてもいいと言われまして。一応、ガラクタばかりらしいですよ」

話はそこまでであった。

大島さんは一旦、車に戻り、バールを持ってきた。

ヤバいって、これって絶対マズいってば。

奥田はそれだけを繰り返している。

大島さんも、正直に言うと何か嫌なものを感じていた。

が、そんな感覚的なもので作業を中止できるわけがない。

「貸してください。俺が一発で決めますよ」

大柄で力自慢の中川が横から手を出してきた。

受け取ったバールを思い切り振り下ろした中川は、次の瞬間、絶叫を上げて座り込んだ。

見ると、右手首がありえない方向に曲がっている。

「折れた、折れた」

それだけを繰り返す中川を助け起こし、大島さんは家の外に出た。

今にも泣き出しそうな奥田を一喝し、持っていたスマートフォンで病院を検索させる。

幸いにも、車で五分の場所に救急病院があった。

中川は、やはり骨折していた。二、三日の入院が必要とのことである。

ドアを破ろうとしたときに、高い負荷が手首に掛かったのだろうと医師に説明されたのだが、大島さんは納得できなかった。

そのような事故は聞いたことがない。

とはいえ、あの物置のせいにするのは常識が許さない。

やっぱりヤバいんだと騒ぐ奥田を先に帰し、大島さんは事務所に戻った。

大島さんは、そういったことを一切信じない人間である。いざとなれば、重機で一気にドアを破ればいいと思いついた。

とにかく重要なのは工期だ。今回の現場は大島さんが責任者である。

何としてでも、作業に掛からねばならないのだ。

大島さんは頭の中で手順を組み立てながら、何気なくあの日のメモを見返した。

「何だこれは」

思わず大きな声が出た。

きっちり取ったはずのメモが、まるで読めない。

正確に言うとメモは取れている。何か書いてあるのは分かる。

が、何重にも重ねた文字がそれを埋め尽くしている。


**開けるな開けるな開けるな開けるな開けるな**

それだけが、赤いボールペンでびっしりと書きこまれていた。

その全てが大島さんの筆跡である。いつ、どうやって書いたのか、まるで覚えていない。

唖然とする大島さんの携帯電話が鳴った。

奥田からだ。

「はいよ。どうした奥田」

一瞬遅れ、奥田がぶつぶつと何か呟き出した。

その声が徐々に大きくなる。

「開けるな開けるな開けるな開けるな」

絶叫とともにプツリと切れた。奥田が住むアパートは事務所から車で五分の場所にある。

行ってみると救急車が停まっており、今しも奥田が搬送されるところであった。

奥田の母親が泣きながら付き添っている。大島さんを見つけ、母親は軽く頭を下げた。

奥田は先程の電話の直後、「開けるな」と叫びながら二階から飛び降りたらしい。

頭から落ちたため、高さの割に酷い傷を負ったという。

これはもう、自分の手に負いかねると判断した大島さんは、上司の高岡に報告した。

自分では信じたくはないが、関わった人間が二人やられた。

このままでは判断ミスを起こす可能性が高く、満足な仕事ができそうもないから外してほしい。もっと正直に言わせてもらえば怖くてたまらない。

そう言って大島さんは頭を下げた。

最初は笑って聞いていた高岡も、実際にメモを見せられて顔色が変わった。

「けどなぁ、大島君。どうにかして更地にしないと、来週頭から駐車場の工事が始まるんだよ」

百六十坪程度の解体と残土処理であり、大きな儲けにはならないが、事は信用問題に関わる。

投げ出すわけにはいかない。とりあえず家屋から先に解体し始めようと決まった。

「良いことを思いついた。そういう物を屁とも思わん男に心当たりがある」

高岡は自信ありげに顎を突き出して言った。

翌日、金山と名乗る男が事務所に現れた。物腰は柔らかいが、目が笑っていない。

薄汚れた作業服のわりに、高級なブランド時計が目立つ。

これこそが『そういう物を屁とも思わない』男であった。

金山は、事情を説明しかけた大島さんを制し、今から現場に向かうと言い出した。

「私には事情とか必要ありませんから。中を確認するだけなら一時間で済ませます。その後はそちらさんの作業を開始してください」

そう言い残し、金山は出ていった。

きっかり一時間後、現場に到着した大島さんは物置に向かった。

家の前にワゴン車が停めてある。

だが、金山の姿は見当たらない。物置の中が分かり次第、映像を送ってくる手筈になっていたのだが、今のところ連絡も入っていない。

「金山さん。大島ですが」

やはり返事はない。物置のドアはあのときのままである。

もしかしたら窓を破ったのかもしれない。手間を考えたら、そのほうが合理的である。

そう考えた大島さんは、窓があるほうを覗き込んだ。

やはり窓が割られている。内側に貼られていた板も壊されているようだ。

それだけであった。

「金山さん、何処ですか」

もう一度呼びかけたが無駄であった。

どうする。この状態なら、中を確認できる。

覚悟を決めた大島さんは、窓に近づいた。その瞬間、大島さんは見つけてしまった。

散乱したガラスの破片の中に手首がある。無理矢理引きちぎったような断面だ。

側に見覚えのある腕時計が落ちていた。

大島さんは悲鳴を上げるのも忘れ、窓を見つめた。

見る。見ない。見る。見ない。

頭の中で何度も繰り返されたが、結論が出ない。

結局、責任感と好奇心は恐怖に負けた。

大島さんは踵を返し、その場から逃げ出した。

長い人生で初めて、悲鳴を上げていたという。


大島さんは上司と相談の上、最良と思われる手段を講じた。

敷地内に深い穴を掘り、物置を埋めてしまうのだ。

上手くいくかどうか分からないが、それぐらいしか方法が見当たらなかったのである。

もしも物置がそれを不服とするならば、作業の序盤で邪魔が入るだろう。

その時点で中止し、本格的お祓いを頼むか、仕事自体を断るしかない。

だが、どうやら物置は埋められることを善しとしたようだ。

中を見ないように反対側からブルーシートで覆い、クレーンで吊り下げて穴に埋める。

その上から土を被せ、最終的にアスファルトで固めたのだが、作業は滞りなく終わった。

あの日以来、金山は行方が知れなくなった。
元々が住所不定の輩であったため、大事には至らなかったと聞く。
こうして、現場はようやく駐車場へと姿を変えた。
物置を埋めた区画も今までに二度、貸し出された。
一人目は若い女性であったが、ドライブの途中、崖から落ちて亡くなったそうである。
二人目は中年男性。何の前触れもなく、車中で自殺していたらしい。
それ以降、その一画だけは貸し出し禁止である。
他は何ともないのだが、噂が噂を呼び、今では全区画が空いたままだという。

# 走馬灯の家

このところ、矢野さんは仕事に疲れていた。

対人関係のストレスが主な原因である。このままでは壊れてしまうという自覚はあった。

何とかしてリセットしたいと考えた矢野さんは、思い切ってまとまった休暇を申請した。

受理されなければ休暇届を辞職願に代える覚悟もできていたのだが、あっさりと受諾されたという。


会社を出たその足で駅に向かった。

行き先は適当に決める。聞いたこともない地名を選んだ。

数時間掛けて降り立ったのは、日に数本の電車しか停まらない駅だ。

無人の改札を出たのはいいが、延々と続く田畑以外何もない。

とりあえず目の前に見えている山を目指す。

半時間ほど歩き、麓《ふもと》に着いた。山に抱かれるようにひっそりと家が建っている。

見えている範囲だと七軒。壊れた玄関や崩れ落ちた壁の家ばかりだ。

当然のことながら、人の気配はない。

旅の記念にカメラを取り出していると、そのうちの一軒で物音がした。

立て付けの悪い戸を開けて出てきたのは、小さな老婆であった。

人の姿を見るのは久しぶりなのか、老婆は矢野さんを見て目を丸くしている。

「あ、すいません。まさか人がいるとは思わなかったもので。失礼しました」

慌ててカメラを片付けようとする矢野さんに向かい、老婆は朗らかに笑った。

その愛らしい笑顔に心を解され、矢野さんも微笑みを返した。

老婆は、良かったらお茶でも飲んでいけという。

職場の荒《すさ》んだ人間関係とは正反対の優しさに、矢野さんは甘えることにした。

出てきたのは温かい番茶と干し芋だ。素朴な甘さが殊の外美味である。

立て続けに口に放り込む矢野さんを満足げに見つめながら、老婆は己のことを話し出した。

この集落に嫁いできて六十年になるという。

夫はとうの昔に亡くなり、集落の家も一軒ずつ途絶えていった。

今では、たった一人でここに住んでいるらしい。

寂しくはないですかと問いかける矢野さんに、老婆は静かに頷いた。

ああ、寂しくないはずがないよな。

己の愚問を恥じた矢野さんは、この家に一晩泊めてもらえないかと頼んだ。

せめて一晩だけでも、話し相手になるつもりである。

老婆は顔をくしゃくしゃにして喜んだ。それでは精一杯腕を振るって晩御飯を作ると張り切っている。

生き生きとしたその様子に、矢野さんは思わず瞳が潤んだという。

その夜、老婆が歩んできた人生を聞き、代わりに自分の現状を吐き出すうち、いつしか矢野さんは泣いていた。

夜も更けて、矢野さんは老婆が用意してくれたカビ臭い布団に横になり、良い旅に感謝しつつ眠ろうとした。

ところがなかなか寝付けない。外が妙に明るいせいである。

もそもそと窓に近づき、外を覗いてみた。

住む人のない家に灯りが点いている。集落全部の家だ。

一瞬、家の住人が帰ってきたのかと思ったが、すぐにそんなはずがないと否定した。

よく見ると電灯のようではない。もっとぼんやりとしたロウソクのような灯りだ。

誰かが入り込んだ可能性が高い。

そう判断した矢野さんは、足音を忍ばせて外に出た。

まずは一番手前にある家に近づき、そっと中を覗き込んだ。

この家の住人と思しき家族がいる。

何やら愉しげに会話を交わしながら食事をしている。

真夜中という時間を除けば、おかしなところはない。

が、何かがおかしい。じっくり腰を据えて観察を続け、数分後。

違和感の理由が分かった。

この家族は、さっきから同じことばかり話している。

それどころか、笑顔も仕草も全く同じだ。

録画していたドラマを繰り返し見るように、ある程度までいくと、また最初に戻っている。

薄気味悪くなった矢野さんは、その家を離れ、次の家に向かった。

そこもまた、ぼんやりとした灯りが漏れている。

嫌な予感を抱きながら中を覗く。今度もまた、家族がいた。

父親と息子が、産まれたばかりの赤ん坊をあやしている。母親がそれを嬉しそうに見つめている。

先程の家と同じく、ここもその場面を繰り返していた。

その次の家も、そのまた次の家も同様である。

全ての家に幸せな家族がいた。

それは怖いというよりも、見ていると気持ちが安らぐ光景であった。

もっとよく見ようと身を乗り出したとき、老婆の家で鶏が鳴いた。

それを合図にでもしたように、家族は一瞬にして消え、家は空っぽになった。

全ての家から一斉に灯りが消える。

首を傾げながら戻ると、既に老婆は目覚めていた。

「ああ、見たんだね。楽しそうだったろ」

どうやら老婆は知っているようである。

「あれは何ですか。お化けとか幽霊の類ですか」

老婆は快活に笑い、こう言った。


あれは思い出である。

それぞれの家が、一番楽しかったときを思い出しているのだ。

「この土地のせいか、山のせいか分からんけどね。ああやって毎晩、家は家族を思い出してるんだよ。あたしが死んだら、この家もそうなるだろうね」

もしかしたらタンスとか布団とか、食器とか、そんなもの全ての思いが寄り集まったのかも。

老婆はしんみりと話を終え、朝飯の支度に取り掛かった。

朝食は一汁一菜の粗末なものだったが、矢野さんが今まで食べた中で、最も身体を温めてくれた朝食であったという。

その旅から半年ほど経った夜のことである。

自宅で眠っていた矢野さんは、老婆の夢を見た。

話しかけようとして、名前すら訊いていなかったことに苦笑する。

老婆は、あの日のように話し、笑い、涙ぐんでいた。

夢は、その夜から毎晩続いた。毎晩同じ夢である。

一度だけではない。寝ている間中、何度も繰り返す。

懐かしく思えたのは、二日目の夜までであった。

同じ夢を一カ月もの間、繰り返されてはたまったものではない。

寝不足の頭を抱え、矢野さんは夜も明けぬうちから車を走らせた。

とりあえずの目的地はあの駅である。

半年ぶりに訪れたが、まるで時が止まっているかのように、何一つ変わっていない。

逆にそのおかげで、老婆の家まで迷わずに辿り着くことができた。

老婆の家は、他の家と同じく人の気配がなくなっていた。

薄々予感はしていたが、やはり亡くなってしまったらしい。

この家と老婆にとって一番の思い出が、赤の他人と過ごした一晩だというのか。

死んだら無縁仏だと笑っていたことも同時に思い出し、矢野さんは一瞬、胸が詰まったという。

だが、それとこれとは別の話だ。これ以上、老婆の思い出に付き合ってはいられない。

矢野さんは車に戻り、トランクを開けた。

中には、来る途中に買い求めたチェーンソーやハンマーが入っている。

矢野さんはそれを使い、長時間掛けて老婆の家を解体した。

主要な柱に切れ込みを入れ、ロープを掛けて車で引っ張ったそうだ。

枯れ切った材木だったのが幸いし、何とか無事に壊せたとのことである。

火を放つほうが簡単なのは確かだが、下手をすると大事になる。

その後、矢野さんは老婆の夢を見ることなく、安らかな夜を過ごしているという。

# 鈴なりの木

農業を営む林田さんは、山の仕事もしている。
一つの山を何人かで分け合っており、面積にして五ヘクタールにも及ばない範囲だ。
農閑期には毎日のように山に入り、木々の世話を怠らない。
伐採して金にするわけではなく、専ら風呂の焚き付け用である。
金にしようにも、残念ながら現在では手間に見合った利益が出ないのだ。
だが、風呂の焚き付けだけとはいえ、結構な節約になる。
自分の身体が動くうちは、小まめに山に入るつもりだという。
今年の春、それが一時的に途絶えた。腰痛で身動きできなくなったのだ。
悪いことは重なるもので、寝込んでいる間に流行性感冒も患ってしまった。
元通り動けるまで一週間を要したそうだ。
どうにか復帰して山に向かった頃には、三月も半ばを過ぎていた。
急がないと今年の薪が作れない。
風呂には簡易シャワーを設置してあり、夏場はそれで乗り切れるが秋冬は無理だ。

切ったばかりの木は多量の水分を保持しており、時間を掛けて乾燥させないと焚き付けには使えない。

要するに毎年欠かさず薪を作り続けなければ、事は死活問題に繋がるのだ。

ふらつく足に喝を入れ、愛用のチェーンソーを携えて通い慣れた山道を登っていく。

木漏れ日を浴びて進むと、鈍っていた身体の隅々にまで山の気が入ってくるようで心地良い。

さて、まずはどれを切るか——。

思案する林田さんの耳に、微かな音が聞こえてきた。

鈴の音のようだ。

猫でもいるのだろうかと辺りを眺め回した林田さんは、もう一つのことに気付いた。

何かの臭いがする。いわゆる腐敗臭に思える。

気にはなるが、とりあえず作業が先だ。林田さんは、とある木に向かった。

通常、木を育てるときは枝打ちというものをする。

大体四メートルぐらいの高さまで丁寧に枝を落としていく。

そうやって間引かなければ、木は大きく育たないのである。

そんな中、わざと一本だけ枝を残している木がある。

大した理由ではない。荷物や上着を引っかけておく為のものだ。

枝を残しておくと木材にしたときに節が残ってしまい、高い値が付かないのだが、そもそもが薪にする木である。節があろうとなかろうと構わない。

あえて残してみると結構便利であった。

例によって、道具入れを引っかけようとした林田さんは、口を大きく開けたまま動きを止めた。

ありえないものが、そこにある。

首を吊った女だ。面と向かって顔を見てしまった。

酷い有様である。首から上が充血しているらしく、赤を通り越してどす黒くなっている。

目が今にも飛び出しそうだ。

林田さんは一拍遅れて、ようやく悲鳴を上げた。上げると同時にへなへなと座り込む。

死体を下ろしたほうが良いのか、このまま警察に通報すべきか。

迷っていても仕方がない。とにかく一旦、山を降りよう。

そう決めて立ち上がろうとした途端、またしても鈴の音が聞こえてきた。

極めて近くからである。

目の前の首吊り女の左手首、小さな鈴を付けたブレスレットが鳴っている。

風に揺られているわけではない。女の左手首が小刻みに震えているのだ。
まだ生きて助けを呼んでいる。
林田さんは咄嗟《とっさ》にそう思ったらしい。
嫌々ながら、もう一度顔を見た。が、どう見ても生きている顔ではない。
もしかしたら死後硬直かもしれない。
その結論に達した林田さんの前で、手首が震えチリチリと軽やかに鈴が鳴った。
死後硬直などという生易しいものではない。ハッキリと動いている。
普段なら何でもないような音が、途轍《とてつ》もなく恐ろしくなってくる。
たまらなくなった林田さんは、女に背を向けて一目散に山を下り始めた。
とりあえず警察に通報する。それからのことは専門家に任せればいい。
その二つだけを頭に置き、無我夢中で小走りに進む。
後ろから鈴の音がついてくるのが分かったという。
それもすぐ背後である。
林田さんは涙と悲鳴をこらえながら、転げ落ちるように山道を下っていった。
ようやく自宅が近づいてきた。
洗濯物を干していた妻が、驚いた様子で手をかざして見ている。

山道を下り終えた途端、あれほど鳴っていた鈴の音がぴたりと止んだ。
ほっとした林田さんは、その場に座り込んで荒い息を吐いた。
「何してんのよ。どうしたの、こんな時間に」
心配そうに近づいてきた妻を無視して立ち上がり、恐る恐る今来た道を振り返る。
当然のように何もない。
わけが分からないまま、林田さんは妻に首吊りのことを告げ、継いで警察に通報した。
そこから先の数時間は、あっという間に過ぎた。
やはり女は死んでいたらしく、警察は袋に詰めた遺体を車に乗せて引き上げていった。
第一発見者である林田さんは、形式的な質問を受けただけである。
林田さんは気付かなかったが、遺書も残されていたらしい。
警察からは、県外から来た女性ということだけを知らされた。
結局、その日は何もできないまま、夜を迎えた。

過疎化した村の老夫婦の暮らしは、お互いに協力し合わねば何一つ進まない。
風呂を沸かすことすらできないのである。
ある程度沸かした後、一人が風呂に入り、もう一人が湯加減を訊きながら薪を焼《く》べる。

その夜もいつものように薪を焼べていると、山の中から鈴の音が聞こえてきた。

たったそれだけのことなのに、全身が総毛立ったという。

聞き間違いだ、あんな小さな音が聞こえてくるわけがない。

自分に言い聞かせる林田さんを逆撫でするように、風呂の中で妻が呟いた。

「あら、何だろ。何処かで鈴が鳴ってるわね」

「そんなもん聞こえんぞ」

「何怒ってんのよ。変な人」

たかが鈴の音で、つまらない言い争いをしてしまった。

自らを反省した林田さんだが、それはまだ始まりに過ぎなかった。

翌日から四六時中、鈴の音が絶え間なく聞こえてくるようになったのだ。

三日も経たぬうちに林田さんも妻も苛つき、何でもないことが気に障るようになってきた。

喧嘩などしたことがない夫婦だったのに、気が付けば互いを罵り合っている。

これ以上、放置しておくわけにはいかない。

あの日以来、山の手入れも怠っており、来年以降の薪を確保していない。

林田さんは自らを奮い立たせ、重い足取りで山に入った。
とにかくあの木を伐《き》ってしまおうと決めている。
いつもなら一人でやることだが、今回は友人に手伝いを頼んだ。
情けないとは思うものの、とても一人だけでは山に入れなかったのである。
その甲斐あってか、鈴の音は一度も聞こえなかった。
友人は何があったか知っていたらしい。
「これが首吊りの木か」
林田さんの苦りきった顔にも気付かず、無神経なことを呟いている。
いや、実は一人では怖くてな、などと本音が言えるわけがない。
「験《げん》が悪いんでな、伐ってしまおうと思うんだ」
言い訳めいた言葉を吐きながら早速、チェーンソーを唸らせた。
一瞬、何ともいえない嫌な予感がしたのだが、結局何事もなく作業は終わった。
「薪にして火に焼べてしまえば、供養にもなるんじゃないか」
友人に言われるまでもない。元よりそのつもりである。
水分を多く含んだ生木とはいえ、燃えさかる火に焼べれば確実に燃える。
早速、今晩から焚き付けに使うつもりだ。

林田さんは出来上がった薪を束にくくり、専用の保管場所に積み上げた。

これで終わりだと胸を撫で下ろす。

久しぶりに妻相手に冗談を言う余裕すら生まれていたという。


その夜。

例によって林田さんは風呂の焚き付けを始めた。

妻を先に入れ、湯加減を訊きながら火加減を調節していく。

燃えさかる火の中に、あの木で作った薪を一、二本突っ込んだ。

「もう少し燃やして」

「あいよ」

機嫌良く返事した丁度そのとき、真後ろで鈴の音がした。

その瞬間、林田さんは自らの過ちに気付いた。

あの木を伐るのは間違いであった。家に持ち帰るべきではなかった。

あれは、もうこの家に入り込んでしまったのだ。

それが直感で分かったという。

「ねぇ。鈴が凄く近くで鳴ってる。綺麗な音ね」

「気のせいだ。もう薪は良いだろ。ゆっくり温まってこい」

滅多にないことだが、林田さんは酒に逃げようと思い立った。

居間に戻り、日本酒を呷《あお》る。酔いが回り始めた頭の中で鈴が鳴っている。

いつの間にか林田さんは眠り込んでしまった。

目を開けたとき、時計の針は二時を指していた。

何故妻は起こしてくれなかったのか。小腹を立てながら、林田さんは寝室に向かった。

が、布団に妻の姿がない。

急速に不安を募らせながら、林田さんは妻を探し始めた。台所にも便所にもいない。

まさかと思いながら風呂の戸を開ける。

妻は、ぽっかりと口を開け、風呂に浸かっていた。

慌てて浴槽から出そうとして水の冷たさにたじろぐ。

妻の身体に触れた瞬間、もう死んでいるのが分かった。

水と同じぐらい冷たかったのだ。

それでも林田さんは蘇生の可能性を信じ、消防署に電話を掛けた。

覚束ない手つきで心臓マッサージを試みながら、林田さんは何もない空間に向かって怒鳴った。

先程から鈴の音がまとわりついていたのは分かっていたのだ。

「いい加減にしろ、いったい何がしたいんだ」

返事をするかの如く、降るような鈴の音が部屋を満たす。

単なる音なのに、とても嬉しそうな様子に思えたという。

救急隊員が到着しても、鈴の音は止まなかった。

三人の隊員全員に聞こえているらしく、何となく辺りを見渡している。

妻の搬送先が決まり、林田さんも乗せて救急車が走り出した。

最後まで見送るように鈴は鳴っていた。


当然ながら、妻は助からなかった。

死因は脳出血。医師によると、入浴直後に亡くなっていたとのことである。

そんなはずはないと林田さんは声を荒らげた。

少なくとも十分以上、入浴中の妻と会話を交わしている。

それでも医師の結論が覆されることはなかった。

葬祭業者に頼み、妻の遺体を家に連れ帰った。しばらくは何もする気が起こらず、林田さんはただぼんやりと妻の手を握りしめていたという。

その間も当然のように鈴の音がしていたそうだ。

今現在、林田さんは田畑や財産を処分し、町で独り暮らしをしている。

あらかた処分したが大した金額にはならず、食べていくのがやっとである。

自宅は貸家にしたものの、風呂を薪で沸かすような家に借り手など付くはずがない。

それでも三年間で一度だけ問い合わせがあり、実際に中年夫婦が一週間だけ暮らしたことがあるそうだ。

何かがいるのは確かである。本来なら断るべきだ。だが、林田さんは契約を結んだ。

提示された金額が魅力的だったからというのが理由だ。

そこまで追い詰められるほど、生活が困窮していたのである。

何か起こるかもしれないが、自分の暮らしの為には仕方ないではないか。

赤の他人がどうなろうと知ったことではない。こんな田舎に憧れるほうが悪いんだ。

林田さんは、自分自身にそう言い聞かせた。

中年夫婦は田舎暮らしが楽しみでならないらしく、溢れるような笑顔で引っ越してきた。

けれども結局、契約はキャンセルされてしまった。

引っ越した当夜、奥さんが入浴中に急死したからである。

最近、林田さんは自らの体力の衰えを感じてきた。
足腰が立たなくなる前にやっておきたいことが二つあるそうだ。
一つは、妻と自分の墓の永代供養の算段を付けること。
もう一つは、あの家を燃やしてしまうこと。
犯罪になるのは分かっている。燃やしたところで、退治できるとも思えない。
正義感とか使命感でもない。復讐などという重たいものとも違う。
ただ単に気晴らしの為だという。

# 希望。

ここに集めてきた怪異は、何一つ解決せず続いているものが多い。

考えてみれば、それは当然のことである。

どういう形であれ決着が付けば、いつの日かそれは淡い思い出に変えて片付けておける。

あのときは本当に怖かったねぇ、とほんのり笑って話せる。

だが、真に悪意ある存在は、安易で穏やかな決着から遠く離れた場所にいる。

そして私も、そのような和やかな思い出話を書こうとは思わない。

ということで、ここには絶望という言葉に値するような怪異が揃ってしまった。


ギリシャ神話にパンドラの箱なるものが登場する。

現在では『災いが詰まった箱』という使われ方をしているが、元の意味は違う。

ギリシャ神話によると、神によって創られた人間世界には災いが存在していなかった。

そこには男性しかおらず、これを良しとしなかったゼウスが命じて女性を作らせた。

その女性の名をパンドラと名付けた。その意味は『全ての神からの贈り物』である。

神は人間世界に向かうパンドラに箱を授け、こう言った。

「この中に沢山の贈り物を入れておいた。大切なものだから、決して開けてはならない」

そう言われても、我慢できないのが人間である。

パンドラも好奇心に負け、開けてしまった。

その途端、憎しみ、怒り、悲しみ、病気、死など様々な不幸が飛び出し、世の中に満ちた。

最後に残っていた『希望』を解き放ったおかげで、人類はあきらめずに生きていけるという。


今回、私が書き下ろした本も様々な不幸に満ちている。

ただ、パンドラの箱には希望も必要だ。

この本にも希望はないものかと探したら、一つあった。

今回の表紙は、厭怪も担当してくださった芳賀沼先生の手によるものだ。

最初に目にした瞬間、これしかないと思いつめ、無理を承知で頼んだところ快諾していただいた。

凄まじく怖い絵だ。けれど、その巧みな筆致による質感が何とも言えず美しい。

この絵のタイトルは『恵みの雨』、描かれたテーマは『希望』だという。

絶望怪談の表紙が希望という、あまりにも上出来な仕掛けである。
芳賀沼先生のおかげで、この本はパンドラの箱になった。

恐怖箱の単著は、この絶望怪談で四冊目になる。
有り難いことだ。ここまで来られるとは夢にも思っていなかった。
まずは当然ながら、御購入いただいた皆さんのおかげだ。
それと、私を見出してくださった加藤先生。
拙い文章の成長を我慢強く見守ってくださった編集のO女史。
陰に日向に支えてくれた家族。
どれほど感謝しても足らないぐらいである。
これからも、より良いものをお届けすることでお返しさせてもらいたい。

平成二十八年　湖国より　　　　　　　　　つくね乱蔵

本書の実話怪談記事は、恐怖箱 絶望怪談のために新たに取材されたものなどを中心に構成されています。快く取材に応じていただいた方々、体験談を提供していただいた方々に感謝の意を述べるとともに、本書の作成に関わられた関係者各位の無事をお祈り申し上げます。



**恐怖箱 絶望怪談**

2017年1月4日　初版第1刷発行

著者　つくね乱蔵
総合監修　加藤 一

カバー　橋元浩明（sowhat.Inc）
発行人　後藤明信
発行所　株式会社　竹書房
〒102-0072　東京都千代田区飯田橋2-7-3
電話03-3264-1576（代表）
電話03-3234-6208（編集）
http://www.takeshobo.co.jp
印刷所　中央精版印刷株式会社

定価はカバーに表示しています。
落丁・乱丁本は当社までお問い合わせ下さい。

ISBN978-4-8019-0954-0 C0176